尋情歷險坊

我是世紀大媒婆，我的名字叫陳海倫。

由於教育與專業諮詢的背景，我以助人生活變得更好作為終身的職志。

我相信愛情。

活著，就是為了美。因為愛，我們彼此信任。

我的故事很簡單，因為我執行了我所相信的信念——我協助人們結婚，鼓勵大家生育下一代。

愛情最好的歸宿就是婚姻。擁有一個美滿的家庭，然後讓大家能夠興盛繁榮，這將能夠改善世界，也能夠擁有更好的經濟環境，所有人都能富裕地生活，擁有幸福的人生。這就是我的夢想。

我的父親告訴我：只要持續追求夢想，總有一天，夢想終會成真。

我幫助了超過上百位的單身男女踏上紅毯，並成功地生下了寶寶。從今而後，我將會繼續盡其所能地付出更多努力。我確實看見了一個前所未見的美好未來，大家都能活得更富有、更快樂。

這不是一個夢境。這將會成真，因為我相信人間有愛。

我的故事，就是讓這些夢想成真。

這些都是真實的故事。

這就是我的人生。

目錄

目錄

目錄

序

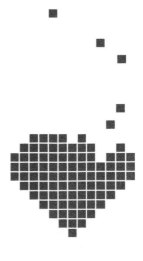

在閱讀這本書之前，有些資料是你必須先明白的。

本書的名字叫《尋情歷險坊》，這到底是什麼呢？簡單來說，它是一個獨特的工作坊，它是實現結婚夢想的舞台，以「愛」、「希望」、「幸福」、「成家」、「做自己的主角」為主題，目標是讓世人真心感受到「結婚真好」，不僅瞭解婚姻的目標和意義，而且有能力創造幸福的婚姻、經營家庭，成為社會安定繁榮的重要基礎。

雖然我的職業是顧問，但作媒這件事一直是我業餘的興趣，平時在江湖上也有「世紀大媒婆」的封號。我很榮幸擔任這個工作坊的坊主，希望能夠為找尋真愛的人，不管是單身的、結過婚的、甚至是離過婚的人，都能夠解開自己生命中的真愛密碼。

我作媒的方式，跟一般你所知道的作媒很不一樣。我不是婚友社，我不是會讓你玩那種連連看、來電一百或是電腦配對，讓你看看照片、問你喜不喜歡、喜歡約出來吃飯的那種方式。我對這種作媒完全沒興趣。

我在十年間作媒五十對。曾有記者就說：「喔，以這成績來看不算多嘛。」沒錯，是不多，因為我不是以量取勝的那種媒人，我作媒的目的也不是為了賺錢。我想要的，就只是見到「有情人終成眷屬」，讓想結婚的人都可以順利踏上紅毯。

一般單身者會參加婚友社的理由很簡單，因為這些人只想要看「貨色」，這不是我要的方向。我要的是：你有沒有真正了解你自己？你有沒有想要進步成長？一個獨立自主的個體，是結婚的基本條件。我們這裡有技術，有方法，我可以幫助你，但你自己要有這個興趣。

老實說，我為什麼要追在你的屁股後面，一天到晚問你到底何時要結婚？這根本不是重點；重點是你自己必須對進步成長有興趣。但也有不少來找我作媒的人，一進門就問：「你們這兒有什麼好貨色？」一聽就知道想法差距很大。要挑好貨色，應該去百貨公司或精品店吧！

我的公司不是婚友社。我也不是要幫你到處相親，我不做這種事的。今天你會來到這個地方參加《尋情歷險坊》，如果你有喜歡的人，或是有任何的問題，我可以幫助你。這裡所講的是人生的進步成長，讓你了解婚姻的重要，讓你知道什麼是婚姻，如何去經營感情，同時也讓你發現自己的弱點、改善自己的問題，讓你變成一個有能力去追求幸福、有能力去愛的人。

如果你有需要我幫忙作媒，的確可以來找我，沒錯。你把對象找來讓我看看，我可以盡我所能地幫你。可是，這並不是我的職業！作媒只是我的興趣，我要的是你的進步成長，打從內心了解人生，了解自己，獨立自主並願意會婚姻負起責任，學習為人父母之道。

《尋情歷險坊》成立的目的，是因為有很多人對愛情、婚姻存在著許多迷思。他們在經過《尋情歷險坊》的開導之後，異口同聲都說希望能夠早個十年認識我，人生就會不一樣。我給各位的這些資訊，讓你有機會為自己一生的幸福進行更深入的探討，了解什麼是婚姻，了解生活，了解自己到底發生什麼事。

來這邊久了就會明白，你在這裡要多交一些朋友。這些朋友是為了互助一起成長，讓你在這條路上有很多的朋友相伴，藉由跟他們互動，可以知道自己該怎樣變得更好。

來這邊參加《尋情歷險坊》的人，我都會要求每個人把自己的婚期訂下來。因為來參加的目的就是要結婚，這是給自己的目標。但是，你自己必須要有經營感情的能力，而不是你來了，我就保證一定會找一個完美的老公給你，這樣不是很奇怪嗎？

來到《尋情歷險坊》，你有機會結婚，這是真的，但我並沒有辦法保證你一定會有一個老公或老婆。我可以很確定的是，來到這裡，你一定會提高自己對於經營感情、婚姻的能力，也就有機會能獲得幸福。

當然，有些時候我看到有合適的對象出現，我會提醒你一下，可以去試試看。但我不可能保證你一定能夠結得了婚，就算我叫你娶誰或嫁誰，你也不見得就會照我的意思去做。

結婚這件事，當然還是依當事者的意願。叫大家選日期的用意，是提醒各位要積極一點，趕快累積你自己的分數，等到某天不錯的對象出現時，可以檢視看看自己有沒有這個機會。如果你對自己有這樣的期許，結婚的成功率會高很多。

會來到《尋情歷險坊》的人，等於做了一件非常重要的事情：你很認真地思考「結婚」的意義。你是不是對於人生的障礙跨出了一大步？要來到這裡，相信這些人一定都經過很大的掙扎，當這一步跨出去之後，機會就大了很多，至少已經認識了很多人。

我作媒，十分之九都會被拒絕。我在介紹對象時，一開始雙方常都會拒絕，所以若我介紹個對象給你，你跟我說「不要」也很正常，被拒絕對我來說簡直是家常便飯；可是往往在兩三年過後，都是當初說「不要」的男人跟女人踏上了紅毯。所以，我常會糗他們：「你當初不是說不要嗎？」

「唉，那個時候我不懂你的意思。」

挑來挑去，最後還是挑當初我配給他的那一個人，很尷尬。若是早點結婚，孩子都生出來了，偏偏當時他就是不肯，繞了一大圈還是回到原地，自己摸摸鼻子，點頭願意結婚了。結婚磨合個幾年之後，經歷那些風風雨雨，一般來說，等到六、七年過後，他們都會回過頭來感謝我。

我常收到紅包。這些夫妻在結婚的時候並沒有那麼感謝我，包的紅包也只是意思意思，有的人甚至沒包。可是在後面，只要沒有離婚，他們每年幾乎都會再包給我，也算是給自己結婚紀念日的一個禮物吧。他們往往都要過了好幾年之後，才能夠體會我的用心良苦，這也是我跟一般媒人不一樣的地方。

或許你現在沒辦法體會這些事情，感受沒有那麼深，沒有辦法知道我幫到你的是什麼。但是，往後的日子你可能會常常想起我講的話，你會記得在《尋情歷險坊》發生的事情，這會影響你一輩子。

心橋顧問公司總裁　陳海倫

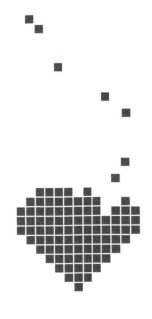

第1章

幸福，沒那麼難

你想結婚嗎？

《尋情歷險坊》會讓你了解兩性之間是怎麼一回事。如果你還未婚，這本書會讓你在了解婚姻到底是怎麼一回事，結婚的時候又會發生什麼事情。對於已經結了婚的人來說，這本書的知識可以幫助你的婚姻生活變得更好，找到真正的幸福。

其實，絕大多數的人從小到大都沒有接受過這樣的課程，只能憑藉自己的感覺去觀察、去感受。別人告訴你的資料到底是對的還是錯的，其實是沒辦法分辨的。你也沒有問過當事人，以為事情就是這樣，以為人生就是這樣。等到自己實際要去面對的時候，還是非常困惑，到底應該怎麼開始？怎麼去經營？從來都沒有一個人把這些內容講清楚過。

《尋情歷險坊》是推廣婚姻，鼓勵大家結婚的。在你開始決定成為一個「尋情歷險者」之前，必須先問自己一個簡單的問題：為何要有婚姻？

簡單來說，有下面兩個因素。

第一，因為你想要這個關係；所以才會來這裡，也才會讀這本書。如果一開始就對婚姻非常排斥，相信你也不會來了。

第二，我們想要教養下一代，這也就是家庭的意義。因為婚姻關係的是未來，可以看到下一代成長。婚姻是社會的基礎，是人類文明的根柢，這也是為什麼人們會很有興趣談論婚姻這個主題，而且永遠不覺得厭倦。

我非常重視每一位來參加《尋情歷險坊》的人。所以，每次在活動之前，我都會要求每個人填寫問卷，目的就是希望可以多了解每一個人的問題，和大家有所溝通。

單身者來到這個地方，不是來找尋帥哥美女的，來這裡的目的，是為了要更了解你自己。了解自己，是非常非常重要的一件事——這是你的人生、你的選擇；而不是用我的哲學來對你洗腦。我不是來「教」你什麼，千萬別這樣想。

對你來說，什麼是真的？那個才是真的。

我有我的生活，你也有你的路要走，但為什麼我會在這裡跟大家一起？原因很簡單：因為這是我的興趣，我想幫忙，我會陪各位走下去。

在愛情與婚姻這個領域，我研究了很久，下過很多功夫；所以，我可以回答你一些關於個人的問題。我很樂意跟大家分享我所看到、所體會到的一切，目的就是要讓每個人找到專屬於你自己的快樂，量身訂做的人生路，以及一個適合你的兩性關係，建立一個屬於你的「家」。

我對另外一件事情也很感興趣：你到底多了解你自己？你如何去經營、維繫你想要的兩性關係？

人生路上，一定都會遇到困難與麻煩。不管是經營一家公司，去外頭工作，都會遇到問題，甚至連我們要穿衣服，打扮漂亮一點，都也會遇到困難。我對於研究如何克服這些困難，極度有興趣。

我設立了一個「新娘訓練班」（註一），就是專門教導一個女人怎樣走入婚姻，成為一個真正的女人。相對的，如果你是男人，也有「新郎訓練班」可以讓你參加。

你知道嗎？有許多的女人，連自己的身體都不太熟悉，甚至搞不清楚該怎麼打扮。要成為一個女人真的不容易，這也是為什麼他們的兩性關係常會出問題，也是為什麼男人跟女人之間的紛爭不斷——因為女人常常扮演不好女人自己的角色。

但是，我在這裡不是要說都是女人的錯。在我的演講裡，常常有很多女人會跟我抱怨：「為什麼都是我們的錯？妳從來沒有罵過男人？」

不是這樣的，這是不同的角度，不同的觀點。

當我跟男人相處時，我從來不「教」他們什麼。千萬不要對他們說教，不要告訴男人該做什麼。不要去教他們，然後他們就會乖乖受教了。如果妳是女人，請切記一件事：千萬不要跟他們爭對錯，他們簡直痛恨這個到死。

這個致命的大錯誤，拍攝《尋情歷險記》（註二）記錄片的吳導演（註三）才剛剛犯過。因為她一直不放棄告訴她老公對錯，最後，他們夫妻之間當然就爭吵不斷。我特別交代過各位囉！千萬不要這樣做。

現代的女人們都非常堅強、能幹，擁有高學歷。她們反擊的力量，常常比男人強上十倍。她們講話超快，動作超快，思想敏銳，反應速度也快，她們對每一件事情都極度敏感。但在兩性關係中，這些事情會讓男人抓狂。這也是為什麼感情會出現問題的原因之一。

我不是要女人故意壓抑自己，不表現，當個白癡或花瓶。但各位一定要了解，當男人跟女人在一起時，女人不需要表現出自己很精明的樣子。男人不是在跟妳做生意，也不是在跟妳對弈，相處時也不是在跟客戶簽合約。

女人在工作的時候可以很強勢，很厲害，像個神力女超人一樣；但妳必須要能在愛情與工作的角色中適時切換。女人不需要變成白癡或笨蛋，但也不用特別去表現什麼，就是很簡單、很可愛、充滿女人味就行，如果妳水準夠好，散發出來的氣質就足以讓人如癡如醉，迷倒眾生。

結婚，是一門科學

有一部電影，成龍跟舒淇主演的，片名叫做《玻璃樽》（註四）。在裡面舒淇飾演的女主角，因為很喜歡海豚，常常對著海豚叫「a-bu，a-bu」，看起來憨憨呆呆，很天真。我老公看完這部電影後，就一直對我叫「a-bu，a-bu」。

我問他：「我看起來很笨嗎？」

他回答我：「是啊，你就有點 a-bu，a-bu。」

一開始我有點生氣，因為我覺得老公在笑我笨。但是，我老公告訴我：「天啊！你的 a-bu、a-bu 的樣子，就是我被你吸引的地方啊。我覺得這樣的妳很美，很漂亮，讓我很心動啊！」

你必須要去了解，男性與女性完全是不同的角度。我不是要告訴你「你錯了」，我是想要讓你可以了解男女角度的不同，並且可以享受人生。我希望各位可以檢視一下自己，看看這本書帶給你的訓練以及目標，可以讓你學到什麼。

我不是要跟你嗆聲或是跟你吵架，我只是試著讓你可以回頭看看自己，什麼是你真正想要的，然後去提升你自己的層次與水準。這跟你去報名參加電腦課程沒有兩樣，你學習怎樣操作硬體、怎樣使用軟體、怎麼設定，以及怎樣運用電腦去做推廣行銷。就是這樣簡單，這是一門技術，一門科學。

或許，正在閱讀這本書的你，在工作事業上有很出色的表現，也是各個領域中的翹楚與專家，但在愛情婚姻領域裡面，依然有很多事情需要學習，得要去找問題解決。這跟經營公司有著異曲同工之妙。你利用網路去拓展人脈，蒐集與累積客戶名單、電話號碼，看看可以怎樣把你生產的牛仔褲多賣一些出去，都是一樣的道理，沒有什麼不同。

而今天，你自己就是那個要被推銷出去的「產品」。

我只是要告訴你，這是一門科學，專門的技術；學習它，然後改變你的人生。你在經營生意上會遇到麻煩與障礙，你在經營人際關係上，一樣也會遇到問題。學著如何克服問題，當你會了之後，無論跟誰相處都會如魚得水。這也是為什麼有一些女人比其他女人更容易與男人在一起，有一些男人比別人擁有更多機會。或許你看他們不怎麼樣，但是一比馬上分出高下，他就是有辦法，因為他們比較了解人際關係中的竅門。

這就是「技術」，也是我們要學的事情。

別讓盲點影響人生

我們的目的很簡單：就是協助你找到屬於你的幸福，找到屬於你的家，你的人生路，你的快樂。我知道這個目標如何達成，但是，你必須跟我配合，一起合作，這樣就會成功。

為什麼當我告訴你：「結婚吧！跳下去吧！」光是這樣的念頭，彷彿要你去跳懸崖一般，足以把你嚇個半死；所以一聽到結婚這件事能拖就拖，慢慢來，一直騙自己不用急。這是一個關卡，就是因為不願意跳，所以永遠沒辦法結婚，也只能羨慕別人的鑽石婚紀念日。

老實說，我的確很希望幫單身的朋友結成婚，但是，不結婚的人依然有自己的想法。很多人對「作媒」的想法是這樣，以為我只是要把人們「送做堆」，但是，我不是這樣的媒人。你有你的自由，你的選擇，做你想要做的事情。

和我合作的基本概念是：你需要突破心防，去找出什麼事情困住自己。因為這些障礙、恐懼、擔心，一直讓你停留在原地打轉，讓你無法敞開心胸，無法好好的享受兩性關係。

我們都有許多盲點。在某種程度上，那些盲點像是「按鈕」——會用按鈕來形容它的原因，是因為一按下去人就跳起來；就像你按了門鈴，就會發出「叮咚」的聲音，所以稱它為按鈕。你有這些弱點，所以我必須幫你把它們拿掉，否則，其他人很容易就可以控制你，輕而易舉。你希望自己被控制嗎？

舉個例來說：你很怕看到血。如果我想控制你，多麼簡單啊！只要讓你看到血，你就會昏倒，然後我就可以殺了你。因為你有這個按鈕，要控制你很容易啊。

所以，如果你有弱點，然後被有心人知道了，會發生什麼事？沒錯，想要害你的人一定會想盡辦法去按這個按鈕，讓你跳起來。這就是人類。人們用這個方式去對待身邊每一個人，包括老婆、愛人、小孩、爸媽、同事等等，因為很親近，就會去互踩彼此之間的弱點。

不要去想這很慘，或是人類很狠毒，不是的。你應該要拿掉這些弱點。只要你有弱點，每次只要別人一按到，你就會哇哇叫。你可以回想小時候，同伴都是這樣整你的。當你告訴他們你肚子痛，他們就變本加厲地讓你發笑，目地只是為了要讓你更痛，他們覺得這樣很好玩。

聽起來很難過，是嗎？但是，這就是現實的人生。

我們彼此都是這樣互相對待的。人們用你的弱點來控制你，所以，有一些女人會利用自己懷孕的方式來控制男人，這種手段很糟糕。你媽也會用一些方式控制你，不管是什麼方法，就是設法要控制你。所以我要告訴你，不要被這種事情給困住，或是因此卡著不動。

這本書教你去經營一段關係，而且是真正的經營，用你自己的力量好好站起來，你會自己想辦法平衡，不需要依賴任何人，而且會覺得舒服自在。如果不能舒服自在，就沒有辦法享受這種關係，不論是男女都是一樣。

要能夠沉浸於愛河之中，是一種能力。不要以為完美的愛情可以僥倖給你碰到，就像那些愛情電影裡的情節一樣，千萬不要這樣想。

能夠在愛情裡感到自在，其實像是導演一喊：「開麥拉，開始！」然後，一個帥哥走過來，一個美女出現了，他們都不認識彼此，但是他們來電了，擁吻，然後攝影機繼續拍下去，真像是一部好電影。我要做的，就是引導你走向你要的人生，當然，你也必須引導你自己。在一部好的電影裡，燈光要對，畫面切換的時間要精準，音樂要配合，穿著打扮全都要到位，這樣的感覺多美。

你運用你的智慧去走出這條路，不是我；我只是帶著你，走在你前面，我只是你的嚮導，你的助理。至於要怎麼做，你必須自己決定。你要做一個怎樣的老闆？你要當一個怎樣的人？要當怎樣的老婆，怎樣的老公？你要自己主導，有自己的想法跟見解。

我會把你身上的那些按鈕、弱點給移除掉。這些的害怕擔心，在無意之間會把你殺了，而且那些東西永遠附在你身上，不是在其他人身上，它在你心裡，在你的想法裡面滲透。千萬不要讓這些影響你的人生，控制你的命運。

尋情者答客問

Q：我離過婚，年紀也不小，是否還有機會再尋第二春？

一個離婚的人，光是要治癒離婚的傷痛，讓他恢復像還沒結婚以前那樣平靜地去面對婚姻，一般來說至少需要三年。離婚之後，想辦法讓他再次結婚，這是最快、最好的方法。但是，如果你沒有把問題處理好的話，第二次的婚姻還是一樣會完蛋。所以，再婚的人想要得到幸福，必須付出加倍的努力。

一般來說，離過婚的人都不會很努力追求第二春，因為這過程對他們來說，實在太痛苦了。就好比你的腳曾經斷過，想要恢復健康，就得比正常人花更多的時間去做復健練習，而且還不見得會比別人厲害；光要恢復正常水準，就要比正常人多出三到十倍的力氣。但是，一般人都不會有這麼多的心力去執行復健工作，受傷的腳就這樣廢掉了。

一般來說，再婚的機會的確越來越困難，因為路越來越窄，加上年齡大的關係，機會比一般人少了一些；另外一個關鍵就是卡住的障礙越來越多，個性也越來越挑剔，心態越來越負面。

如果你能夠進步成長，把自己的心胸敞開，就如同十七歲的樣子，什麼都可以接受，這樣的機會就多了。如果你挑對象變得條件限制那麼多，一朝被蛇咬，十年怕草繩，別人也比較難去接納你，就算有機會結婚，成功率也不會很高，畢竟心裡的問題還沒有解決。

這些離婚的人不是笨，而是不懂，因為缺乏很多的知識跟能力，還有很多的弱點尚未突破，所以才會做錯。就好比你沒學過英文，當然不會講英文。你不知道該怎麼煮蚵仔麵線，就算每天一直煮，還是錯誤百出，最後當你還沒有出師的時候，已經倒店了。像這種時候，你要把店關起門來，趕快先去學好怎麼煮麵，學成了才開始去賣，而不是一直在那邊誤打誤撞。

在學習的過程裏，機會就來了。如果你真的有在學，事情就會有轉機，機會是你自己找的。但是，若你沒有在努力成長，機會一定不會來。你一定要成長，要了解自己過去的婚姻發生什麼問題，而且要學會明白人為什麼會有這些反應跟問題。當你明白之後，就不會陷在問題裡無法自拔，那些困惑才會煙消雲散，你的人生才會有解套的方案。

我要結婚了，我缺一個新郎。

結婚這件事，不是你想結就一定結得成，而是要態度很積極才有辦法結成婚。

曾有位女孩跑進我的辦公室找我說：「陳顧問，我愛上李老師，我要嫁給他！幫我想辦法好嗎？我已經使出渾身解數，但他不想要跟我在一起。」

她跟我說想要嫁給對方的時候，自己已經非常主動地去跟人家約會，可是對方還是不願意娶她。這時我才說：「好，換我來。」妳已經想盡辦法了，別人還是不願意點頭，再換我出馬，然後就有機會成功了。

重點是，如果一開始這女孩沒有主動出擊的話，什麼事情都不會發生。

今天你想要結婚，有這樣的念頭非常好，但你一定要很主動。不過，一般人往往連自己追求的對象是不是對的都不知道，這件事情非常嚴重！為什麼會發生這麼嚴重的事情？是因為從來就沒有積極想過結婚這件事。

如果你很積極地想要結婚的話，一定會結成婚。積極想結婚的時候，觀念一定要正確。給各位兩個簡單的方向。

第一個，就是要選要跟你在一起，願意跟你結婚的人。

你要很積極地去結婚，要去創造很多的機會，從自己身邊的人找到誰願意嫁跟你結婚。只要找到三個願意結婚的，三選一就很不錯了！如果時間還夠的話，就有更多的機會，拚命去找願意結婚的人。

第二個，不要一天到晚想著你心裡的那些條件。

所謂的條件，就是學歷啦、薪水啦，或是身高、長相、身材啦，或是要怎樣才看得順眼，要孝順、要聰明等等，這些都不重要，想這些都是多餘的。到了最後，就算對方有了你開的條件，你還是沒辦法跟他結婚，這就是一個損失。

不過，有些條件還是要有一些底限。比方說，像是你能接受最多相差幾歲？要不要生小孩？對方願不願意進步成長？要是你想要生小孩，就要有年齡上的考量，因為這些條件會影響一輩子。如果你找的對象跟你的底限差很多，你當然會覺得很委屈，每天看到對方就越看越不對勁，甚至看到就討厭，不想動也不講話。

這些底限是什麼？要怎麼去訂？這就是我們後面章節會討論的主題：檢查表。

來參加過《尋情歷險坊》的參與者，目的都是為了要結婚。我會要求大家選一個日子——在選對象之前，先選定日期，然後再決定要嫁誰娶誰。我要幫你們跳這個懸崖，選個日期，你就是跳下去了。這就是我這個「世紀大媒婆」的做法——選好日子，然後就結婚了。

如果你看過《尋情歷險記》這部紀錄片，現在在中國大陸網路視頻上，已經差不多有一百萬人次看過。他們這樣下電影的副標題：「我要結婚了，但我缺一個新郎！」每個在紀錄片中的夫妻，都是真人真事，也都是我作媒成功的。

在這部影片裡，有很多夫妻很有趣。

其中有一個女的說：「我九月要結婚了。」

男生說：「恭喜你。」

女生又說：「但我缺一個新郎。」

這都是真實故事。事實上，在我的演講結束的時候，都會要求還沒結婚的人選一個日子。你選了日子之後，我就會問你：「你的新娘子在哪？」「新郎倌呢？」

而你的同學、朋友也都會去參加婚禮。你們也是第一次真正知道婚姻的意義，知道怎樣讓婚姻快樂，怎樣建立與維繫婚姻。這就像經營事業一樣，**你們有共同目標，而且不欺騙彼此**。如果可以做到這樣，就已經有百分之八十五的成功機率，再加上你繼續讓自己變得更好，你的婚姻成績就可以達到九十或九十五分。不用害怕，這真的可以達到。

你也千萬不要以為，結了婚就萬事太平，沒有問題了。事情沒那麼容易，就像你做生意必須不斷努力、不斷進步，如果沒有這樣保持下去，事業一定不會成功。

所以，婚姻跟事業一樣，能成功的人並沒有那麼多，大約只有百分之一。

你必須決定，要不要當那百分之一的人。這就像做生意一樣必須經營，只是元素不同罷了，但必須有同樣的膽識。如果做生意不繳稅、不準時出貨、產品不良、不付帳單，結果會怎樣？婚姻也是相同的狀況。

那麼，到底發生什麼事，讓他們無法維繫住這個婚姻？

即使是不適合的另一半，吵來吵去的另一半，就算他們離婚了，也變得很難過。你問他們為什麼會傷心？因為，他們仍然很相愛。這就是為什麼我想幫大家挽救婚姻的原因。我想告訴每一個人，這些離婚的夫妻都是相愛的。但是，當他們的身分只是男女朋友時，就不是這樣。這就是為什麼婚姻有價值的原因。

多數分手的男女朋友，他們並不是真的相愛。他們有性關係，但這並不是愛。但是，夫妻不一樣，他們都有愛；即使離了婚之後，他們還是相愛。因為他們共同承諾過，一起生活過，彼此曾經在同一條船上。

我想告訴你們，不要犯同樣的錯。

為什麼當一個人決定點頭結婚，是愛情裡最有價值、最珍貴的一件事？它讓你的心燃燒了起來，你無法想像那有多麼動人。

我也要告訴你：每一個想要結婚的人，都必須穿越相處的關卡。你必須要認識不同年齡層，不同個性的人。他們都可以幫你去探索你的人生，真的很有意義與價值。

不管是來參加《尋情歷險坊》講座的朋友，或是正在閱讀這本書的讀者，我相信你心裡一定想要結婚，渴望愛情。但是，結婚不只是相愛而已，也不是「因為我必須結婚」所以才要結婚，不是的，這不是婚姻的意義。

結婚，是你想要變得更好，想要成長，想要成為一個更好的男人或女人，所以你必須要結婚。

為什麼你不結婚？因為你對婚姻與愛情的想法有偏差。比方說，你想結婚，是因為要找一個人愛你；你結婚，只是想要有一個人煮飯給你吃，或是因為要有小孩而結婚，或是想要享受浪漫、享受性愛……這些理由都錯了。

你結婚，是為了要學會承受痛苦，然後淬鍊成長。你結婚，是為了學習怎麼變成一個男人，怎樣變成一個女人。你結婚，是為了學習如何負責任，為了要學會承擔一個家庭。你結婚是為了看到人生，為了穿越這些痛苦。

天下沒有白吃的午餐。經歷過這些事情之後，你將會看到世界竟然是如此美好。

註一：新娘訓練班

陳海倫顧問為個人量身訂做的專業課程。「新娘訓練班」的存在，讓單身者至少對於「嫁娶」有了方向，也增加許多信心，不會完完全全地那麼絕望，連想學都沒地方學。目的是讓一些在尋求婚姻這條路的人，或者希望愛情最後能修成正果的人有個參考。有興趣者，請參考本社出版的《新娘訓練班》。

註二：《尋情歷險記》

吳汰紝作品。本片紀錄了二十幾對夫妻之間的互動與對話，以及這些夫妻與當初撮合他們的幕後推手陳海倫顧問之間的來往過程。男女主角們，都是你我生活中再平凡不過的角色，科技宅男、不婚主義的女子、二度婚姻的夫妻、新婚小倆口以及結婚多年的怨偶；主角們之間的對話，更是你我生活上常見的對白，發生的矛盾衝突與遇到的問題，全部都是真實的人生，沒有一絲絲的刻意安排與操作。

註三：吳汰紝

專業紀錄片工作者。首部紀錄片作品《快不快樂四人行》即獲 2003 台北電影節最佳紀錄片，隔年以《再會吧，1999》獲台北電影節百萬首獎、紀錄片雙年展「影像．台灣」首獎等，其所製作的紀錄影片多次受邀世界各大影展映演、屢獲佳績。近年作品《尋情歷險記》於 2009 全省戲院放映，並受邀參加鹿特丹、舊金山等國際影展。

註四：玻璃樽

玻璃樽，是一部 1999 年出品的香港電影，由成龍領銜主演，導演為谷德昭。描述一位台灣女子阿不，某天在海邊拾到一個玻璃樽，並附上了一位香港男子的個人聯絡資料，於是她便自己一個人遠赴香港找尋所謂的夢中情人的故事。

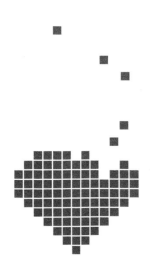

第2章

盲點探索

不結婚，就無法真正了解人生！

來參加《尋情歷險坊》的朋友，幾乎每一位的年紀都超過了適婚年齡。一般來說，你最好應該在二十二歲到二十四歲之間結婚，在三十歲之前就生兩個小孩。當你的孩子二十歲的時候，你也不過五十來歲。如果你三十六歲才結婚，四十歲生小孩，等你五十歲的時候，孩子還沒辦法獨立，仍須要依賴父母才能生存，但你已經到了力不從心的年紀。

關於結婚，許多未婚的人常會抱著一副「有也好，沒有也無所謂」的態度，反正單身很自由，三十多年都是一個人活著，似乎也不會怎麼樣。

我必須告訴你一個事實：**不結婚，沒辦法真正地了解人生！**你以為自己一個人過得好就好，以為自己很獨立，能夠賺錢養活自己——錯，這離真正的獨立差太遠了。

什麼是獨立？是你成了一家之主，有自己的領地，你當了國王、當了女王，掌握經濟與自主權，這樣才叫獨立。如果你做一件事，還得問過國王或皇太后的意思，這就不算獨立；換句話説，你得要能夠自己做主。你是否具備這樣的條件？這也是我們講到為什麼要進步成長的理由。

就算你現在沒住在家裡，沒跟爸媽住在一起，但在精神上，與家裡連結的臍帶還是存在，你做什麼事都得要看父母親的臉色，那種壓力會嚴重影響到你的婚姻生活。你可以和不同的對象約會一百次，找到一個你喜歡的人，但你還是沒辦法應付對方的爸媽。

「你有辦法讓我的女兒過著像我家這麼好的生活嗎？」

「我……嗯……」

你只要講不出來，對方的爸媽就會叫你滾蛋，然後跟自己的小孩説別跟這樣的人來往，跟你在一起不會幸福。下次你們兩個人見面的時候，感覺就會怪怪的，因為爸媽的意見一直影響著，沒辦法主導自己的人生要怎麼走。

為什麼我會告訴你，去約會的時候就要馬上去準備辦婚禮、講結婚的事情？

因為後面會跳出來的事情，才是你應該面對的，不是兩個人在一邊喝咖啡、談情說愛，那是十七歲做的事。你能不能應付公婆？你能不能讓另一半跟自己的爸媽好好講話？你要解決的是這些事情。

全天下的曠男怨女都很冤枉。因為無知，而變成如此倒楣的命運，或是因為個性問題、從小接受的錯誤教育，或是某些不好的感情經驗，造成了很多的盲點。那些盲點原本是不應該存在的，卻影響了自己一輩子。

就好比說，你很怕狗，一看到這個區域有狗，就認定這裡很恐怖，不應該隨便靠近；卻不知道這裡有一個很大的空間可以用。也因為這樣，以後只要有狗的地方就不去，可以利用的區塊減少了很多，但是你一輩子都不會知道這件事情。在你的認知裡，不去靠近有狗的地方是很正常的事情，卻不知道這些都是假象，都是盲點。這樣的人生，是不是有點像神經病，過著不切實際的生活？

你看到一個人，在朋友圈子裡常常保持沉默。他明明知道講話才能跟別人溝通，可是他會告訴自己：「嗯，我就是不會講話。」不過，從來也沒有任何人問過他：「為什麼你不多講些話呢？」人們會說：「喔，他的個性就是這樣。」但是，他原來的個性真的就是這樣嗎？到後來，連他自己都認為是這樣。

別人問他說：「啊？你的個性就這樣？」

「對，我比較內向。我就是這樣。」

這就是秘密。你可以一輩子都不去這個地方，可以永遠都有這個盲點，要等到某一天你才會發現，原來還有一片海闊天空的地方。

人生是怎麼一回事？你永遠不會知道。因為你活在迷宮裡面，那不是真正的人生。

找出自己的盲點

出這本書的目的，是希望年輕男女、尚未走過感情障礙的人，或是一朝被蛇咬、對婚姻有迷思的人，不要繼續感到迷惘。有很多話是你從來不敢講、不敢問，甚至連想都沒有想過，那些區塊對你來說，是一個人生永遠不會接觸的盲點。

從小到大，在你的人生當中有哪些地方，是你自己可以看得到，但是不去觸碰的領域（尤其是兩性之間）？有哪些是你會觸及到，但是並沒有完全清楚，會感到害怕擔心，或是覺得不太穩定的盲點？請把它寫下來。

每個人都有一些底限或是規則。那些規則會讓你感到很不自由，問題是，你會自以為是的以為「我就是這樣」、「我不要這樣」，不然就是「如果是這樣，我就不怎樣」、「到這裡為止，我就不去」……這些限制自己的條件，同時也讓別人很不舒服，你自己卻不知道。

你會認為：「我就是這種人」，卻從來沒有考慮到一件事——為什麼你跟別人總是合不來？你心裡只管「我自己」、「我想要」、「我需要」、「我就是這樣」。至於別人的想法呢？你不是那麼地在乎。

「你要怎樣是你家的事，我有我的風格。我不會跟你配合，我就是這樣。」這表示你的性格上有很嚴重的問題，卻又不知道問題出在哪兒。你遇到很害怕的領域，還是不越雷池一步，或者是很固執地說：「為什麼我要這樣？」「為什麼要我先付出？」

「我只能做到這樣，其他的絕對辦不到。」

說得更明白點，就是配合度非常低。這樣的人很難去談兩性關係，要嘛自己過不去，要嘛別人過不來；因為你永遠想的只是自己，在兩性關係裡只有「一半」。

愛情，必須要有另一半，兩個人加起來才會完整。你跟別人格格不入，怎麼去找一個跟你完全一樣的人？不可能嘛。

在找對象時，你說：「我要這樣、這樣、這樣……，那如果他符合，就可以當我的對象。」

會開這些條件，表示你找對象只是為了要讓自己舒服，要別人來配合你。但是，如果符合這些要求的人，同樣也會開出一些條件，那些條件對你來說又不符合，所以兩邊永遠不會有交集，你永遠找不到一個適合的對象。

或許，你本身的條件很優秀，可是，別人也有選擇的權力。你應該要讓自己的條件很好，讓很多人會想要挑你；而不是全世界只剩下一個人跟你很合，只有他才會選擇你這樣一個人。以愛情來看，不是有條件的人比較受歡迎，而是能夠愛人、迷人的人才會勝利。

所以，至少你得要說得出來，自己有什麼迷人的優勢？請把它找出來。

平常只要你一開口講話，別人就知道你有什麼問題。厲害一點的人甚至會知道，如果你是他的另一半，他會受的罪是什麼。若是你很難相處，誰會欣賞你？看不到自己需要改變的地方，就算結了婚，也很難得到幸福。

你必須曉得，這本書將會給你最大的幸福，但也會帶你穿越極大的痛苦。你必須看到自己的缺點，而且必須承認自己的問題；最重要的是，你要有改過來的決心。不過，因為大部分的人就是不想改，所以不會想要承認。

這本書裡的每一個字、每一句話，都會逼著你去探索那些過去你不想觸碰的地方，若要改過來，你要刻苦耐勞，要練習，還要實際把成績給做出來。所以，所謂的「進步成長」就是吃苦，每個人都想要進步成長，但真正做到的人卻少之又少。若真要問你，你的問題是什麼？

「我沒有問題。我很完美，可能最多只有一點點小問題而已。」

如果我跟你說：「你要改」，你馬上會反駁說：「那他怎麼不先改？他也有這個問題啊。」

「我還好，我活得還不錯，我還能呼吸。」

這樣的人很難看到自己的問題，完全地自我感覺良好，這件事情相當可怕。殘忍的是，不管怎樣辯解，別人還是不會因此接受，明眼人都看得非常清楚，所以還是沒辦法結婚。

我的意思並不是你不是好人，剛好相反。你的確是個好人，個性也很不錯，但是「自我感覺良好」的這件事，阻礙了你能夠進步成長的空間。

就像有些男人自認對女孩子很好，可是，怎樣才叫「很好」？這個「很好」究竟是誰說的？是他自己說的。自己說的都不能算數，必須把他交往過的女孩子叫過來問，她們說好才真的算數。

我得提醒各位，千萬不要做這種人。因為你只是自己在那邊覺得很爽，可是你身邊的人都不爽，卻又拿你沒辦法。你的態度很固執，他們講不過你，也沒那個精神跟你一直卡，最後沒有人要罵你，因為沒有人有這種體力跟心情。在婚姻裡，你若一直這樣跟對方卡，最後的愛還能剩下多少？

在兩性關係裡，你是否能夠進步成長，深深地影響著你跟另一半的幸福指數。下面舉個簡單的例子給各位參考。

有個男生，平常不太講話，就算講話也很慢，他就需要一個一天到晚能讓他講話的女孩子。不過，當他碰到一個嘰嘰喳喳，講話像機關槍的女孩，會覺得坐立不安。

「快講啊，你怎麼不講？」

看起來似乎很痛苦。可是，這就是進步，就是成長。

所謂的進步成長，就是要做你原本不會的事，就必須得吃苦。尤其一般的敗犬很愛面子，愛面子的人很難真正去學習，因為學習之前，必須跟別人承認自己的弱點，你必須坦白講出自己怕什麼，若是對方一不小心，就會評估貶低你。

「啥？這有什麼好怕的？」

「唉唷，你怎麼那麼沒用啊？」

「你這樣很討人厭！」

然後，你就覺得講不下去了。

你要先經過我們的輔導跟專業訓練。經過專業訓練的人，不管對方怎樣攻擊，你就像銅牆鐵壁一樣打不穿。不管別人怎麼樣罵你、貶低你、侮辱你，你還是笑得出來，而且不以為意。如果擁有這樣的功夫與水準，你的婚姻一定會幸福的多。

尋情者問答

Q：算命的說我明年才會結婚，怎麼辦？

你看看你要相信自己呢，還是相信算命先生。如果相信算命先生的話，那你就再拖一年，等到明年再結婚吧。要是算命先生說你要等二十年後才能結婚，那你是不是就得再等二十年呢？

如果你相信的是自己，就可以開始走進婚姻，主導這件事。你可以仔細想想，因為算命先生講了一句話，你就被那句話給困住了，執著於一定要等到某個時間點才能做某件事。可是，我們每一個人都是獨立的個體，不應該受到任何話語的限制，所謂的「命運」都是自己控制的，也都可以改變的。只要你願意，任何人都可以創造自己的命運，只要一個決定就改變了。

你一定要相信你自己。如果你能夠讓自己不受環境、時空以及所謂的命運影響，任何時刻都可以做你想要做的事，就不會在意這些問題。

負百分之兩百的責任

現在，請你把自己感到害怕的地方寫下來，然後找出你願意多負一點什麼樣的責任？你願意多負一點什麼責任在自己的問題上？

寫完了之後，你有沒有看到自己的盲點在哪裡？你想要突破，想要進步一點點。

你的心態是：「好，我可以多負一點責任。」但另一方面，你也覺得：「我已經很辛苦了，怎麼沒有得到應有的讚美呢？」

你已經多負一點責任了，已經有改變一點了。但要改變多少，人家才看得到你有所改變？所謂的「多一點」，多那麼一點點有什麼用？至少要多一百倍，要讓對方有感覺，讓他看到不一樣。

以薪水的例子來說，你原本領三萬塊，現在老闆說：「你表現不錯，這個月給你加薪一百塊。」多個一百塊有什麼好高興的？其實沒什麼感覺。要是加薪之後領三十萬，這樣當然就有差了。

如果你的水準可以提升這麼多，買車時可以選擇的等級就不一樣，買衣服可以出的籌碼也不一樣，不是多一件衣服、多兩件內褲、多吃一碗麵的境界。所以，當你在改變的時候，若只願意勉強改變個百分之二十，勉為其難多做一點，你能夠提升的水準當然就有限。

關於兩性之間要負的責任，一般人的想法是這樣：你負責你的百分之百，我就負責我的百分之百，那叫做「half-way」，意思就是你出一半、我出一半，兩個人互相承擔責任。

不過，我要警告有這樣想法的人，兩邊各自負責一半的失敗率是百分之百！為什麼？因為他不及格，你也不及格，加起來的平均分數當然不會成功。當你想要進步的時候才多做一點，這就是一個最大的盲點——你平常不夠努力，偶爾想到才多做一點，這樣有什麼用？或許有一點用，可是成效並不明顯。

這樣解釋，就能明白為什麼我常強調要負百分之兩百的責任。只有把對方的那一份也扛起來，你要負到那麼多的責任，才會成功。但是，如果你腦子裡想的是一人做一半，兩個人最後都會失敗。或許今天你進步了百分之六十，可是你還沒改進的百分之四十，會讓對方一直緊盯著不放，他還是一直會有不舒服的感受。

你心裡會想：「我已經有改啦！你怎麼不看到我進步的地方？」沒錯，你已經有在做，可是對方還是不滿足，所以兩個人在那邊討價還價。就像你說：「我幫你削蘋果，但我只削百分之六十。」對方會覺得：「不想做就不要做啦！要做還只做百分之六十，這麼麻煩？」你的想法是：「我已經做到這種程度了，還要我做更多？我才不要。」以做生意來說，那種感覺就像是你要求老闆把價格打了折扣，還要他再送一件東西，這樣你才要買；老闆沒辦法賺，當然就不會想賣了。要是你一天到晚都要求人家打折，自己又給的很小氣，當然不會成功。

在兩性相處的關係上，比買東西、比價格這些事都要現實。舉個例子，我有個員工的老婆，每天晚上都幫老公包維他命，有一天吵了架，當晚老婆就不幫他包維他命，馬上就罷工給你看，老婆甚至就不煮飯、不跟你做愛了，是不是？要是今天你跟孩子吵架，你會不給孩子飯吃嗎？有些父母會這樣幹，但這種作法會變得很不人道，轉換成愛情來看，這樣的不人道似乎又是家常便飯。

你一不高興，先生就說：「我今天晚上不回來。」老婆就說：「今天晚上你不准碰我，你給我睡客廳。」那種衝突，真的很可怕。

如果你不負百分之兩百的責任，這種事情就會一直發生，累積了兩、三年之後，婚姻當然不會幸福，最後兩個人還是分開了。所以，關於負責任這個主題，我送給各位一句非常重要的話：**你想得到的，別要求對方，自己去做。**

比方說，你希望對方抱你，你不需要向對方開口，你應該自己去抱他。你想吃飯，你也不該要求對方煮給你吃，餓了就自己去煮。這是對另一個人「無所求」的境界，也是把要求對方的，全部都自己包辦。

苦不苦？難不難受？想當然爾。但是，這就是婚姻。

經營婚姻本來就是一件非常辛苦的事情。千萬別以為結了婚之後，就是公主與王子過著幸福快樂的日子——童話故事看太多的人才會這樣想。你必須捲起袖子努力經營，拼命努力做，只要沒死，幸福就是你的。一開始，你得拼命學習、努力進步成長，不是想著要如何得到，而是想著該如何付出。

在婚姻裡，進步成長不是討價還價，不是你進步一半、我進步一半，咱們兩個就會很要好，錯。你一個人必須負起百分之兩百的責任，除了自己的部分之外，還包括對方的部分。你必須學會幫你的伙伴承擔，包含你要求他做的事情。當你的付出連上天都被感動時，就會回饋予你，此時你將會有說不出的滿足。

愛就合，不愛就不合

愛情不是朝朝暮暮，不是兩個人每天在那邊膩在一起談情說愛。愛情是當他身處困境的時候會想到你，當他有空的時候也會想到你，他會跟人說：「我有老婆，這是我小孩！」一講到就眉飛色舞，這就是男人的愛情。

為什麼當我面對先生的時候，不管怎樣我都會笑？因為要讓他想起老婆的時候，我給他的印象是一朵美麗的花，而不是一副要吵架、打架的嘴臉，那副嘴臉一想到就會怕三年。身為一個老婆可以讓老公一想到就覺得很可愛、很漂亮，這樣就成功了，其他的細節並不是那麼重要。

只要是人，終將面臨生離死別。當你不在對方身邊時，他一想到你的印象會是什麼？你希望給對方的感覺是什麼？就去製造出那種形象出來，最重要的是日常生活的表現。

有些女孩子一天到晚想著婚紗要怎麼穿才會漂亮，一點都不實際。你一輩子會穿幾次婚紗？那些禮服、裝扮根本不重要，最後衣服還是要脫下來，還是得在床上光溜溜地面對男人。不要一直想著婚禮要辦得多華麗風光，因為那些事情不是婚姻幸福的關鍵。

對一個女人來說，什麼才是要注意的條件？其實很簡單，就是保持皮膚漂亮、身材姣好，其他那些炫麗的東西都不太重要。最後別人衡量妳的還是做為一個女人的本質，就是乾乾淨淨、清清爽爽，皮膚漂亮、髮質好、身材好的就叫做美女，而不是妳有多少才華、多少本事，其實男人對這些條件並不是特別在乎。

有的男人會說：「我希望我的女人可以聰明些。」你要搞清楚，男人所講的

「聰明」，絕對不是拿到三個博士學位的聰明。他所講的聰明，是指他希望女人在待人處事、應對進退、持家或是帶小孩時很聰明。

所以，不要給自己太多的限制，認為你想要怎樣的環境、希望對方有怎樣的條件，只要不一致就認為彼此不合——沒有什麼合不合的。

愛就合，不愛就不合。合不合到底是什麼問題？不是表面形式上我會跳舞，你也會跳舞就叫合，就算是兩個都會跳舞的人也會吵架。所謂的「合」，不需要對方真的跟你很一致，而是你的觀念、個性很有彈性、成熟懂事，這樣就會容易合。

譬如說，你去服飾店買衣服，你跟店員合不合？這是個性上的問題。但是，一個好的店員不管跟哪種類型的顧客都可以合得來，因為他有辦法處理應對。這也是當一個老婆要做到「人皆可夫」的道理，因為跟誰在一起都沒問題。

擁有這樣的能力是一種專業的訓練，只要經過訓練就會達到這樣的水準。大部分找不到對象的人，並不是和誰合或是和誰不合的問題，而是挑選對象時有太多的條件限制，自己又沒有達到和誰都能合的專業水準。

再舉一個例子。真正會跳舞的人，不管和誰在一起都可以跳。可是，不會跳的人就只好去找那個和自己水準一樣的，或是找一個會帶人跳的高手才有辦法跳。別人會帶你才會跳，要是對方不會帶，你就跳不好；這表示你跳舞的水準不夠好。但是，一個水準夠好的舞者，不管對方帶舞的技術多差，他都有辦法跳得很優雅，你只要稍微會跳一點，他就可以跳的很漂亮。

要是你很會跳，別人怎麼帶並不重要，重點是你可以主導，如果碰到一個很會跳的，那就很容易引起共鳴。職業舞者跟一個不認識的舞伴在一起，只要練個半年就可以去參賽，這就是專業的水準。如果你不會跳，又遇不到會帶舞的人，一天到晚嫌對方不會帶、帶舞帶得不夠好，只好一直挑剔。

你應該要讓自己變成可以讓對方很舒服的人，這就是在愛情世界裡最需要的條件。這是個性上的問題，再深入一點來探討，是講話的問題。

不會講話的人，不管跟誰講話都不會舒服。因為是你自己不會講，不是別人不會講；別人講話你又嫌太快或太慢，別人不回答你又不高興，覺得對方不了解你、怎麼那麼沒禮貌……反正就是有很多問題。相反地，會講話的人就不會不舒服，不管誰來都有辦法應對。

在尋情的過程中，常會有人問：**「怎樣去找一個合適的人？」**這問題的答案，就是不必去探究對方到底適不適合你。只要你自己變得很有能力、很有彈性，不管對象是誰，你都可以很開心地跟他在一起，所以答案不在別人那邊，而是在自己身上。為什麼你會和別人吵架？一定是先檢討自己有什麼問題，而不是檢討對方有什麼問題，因為別人的問題你改不了，所以你只能先修正你自己的問題。

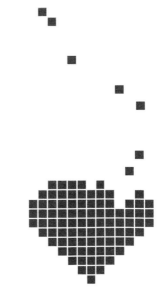

第3章

為什麼你結不了婚？

敗犬心態

我寫過《敗犬站起來》（註一）一書，這裡面所提到的敗犬不是僅僅針對女孩子，只要沒有辦法結婚，或是在感情生活裡無法獲得幸福的男女都算。在這本書中，對於沒辦法結婚的敗犬有一個定義：沒辦法吃苦。為了怕吃苦，你就會發明很多奇怪的理論，證明吃苦是不好的，讓自己不要走上這條路。

敗犬，就是退而求其次，選擇比較容易的路線。但我得問你一句話：這是你原本所希望的結果嗎？你應該喜歡挑戰，你應該喜歡超越自己，應該喜歡進步，希望自己的能力更上一層樓，而不是退而求其次。

為什麼有人嫁不出去，為什麼有人娶不到老婆？我們可以來看看，大部份的原因，是這些人挑對象的理由根本就莫名奇妙，也根本不懂什麼是婚姻。

如果你很執著於自己夢寐以求的對象，最後就算她嫁給你了，結果會怎麼樣？我現在就可以告訴你答案：問題會比她沒嫁你前還要多出許多倍，而且每個問題的嚴重性，都足以讓你的人生爆炸。這時，你就開始想要退貨了，要嘛離婚，要嘛吵到雙方都不愉快，要嘛就是自己悶出病來；有些時候，你終於領悟自己沒辦法跟這樣的人在一起，但對方並沒有說要離婚。或者有些時候，對方覺得這樣的狀況還可以，但你卻覺得快發瘋了。為什麼你會想離婚呢？

想離婚的人會說：「我受不了。」是什麼地方受不了？若再結一次婚，換個對象，就能夠受得了嗎？不會，因為身上的問題還是沒變，除非這些問題能夠改變，否則答案永遠都是一樣的。

為什麼有人會一直結婚，又一直離婚呢？因為你跟誰在一起都受不了，就算給你十個對象，還是受不了。或許另一半很愛你，別人也可以接受你再婚，但最後還是離了婚，這表示是自己有問題，不是對方有問題。在這世界裡，你夢想中的那個女人或男人並不存在。

「怎麼會這樣？別人明明都很幸福啊。」

別人很幸福，是因為他們有那樣的條件跟能力。那麼，你為什麼不會很幸福？因為你沒有能力去經營，只是找一個別人的模版來對照。

感情不是這樣一回事，不是在做蛋糕，把原料倒進去那個模子，長出來就剛好會是這樣。人跟人在一起不是對模子的，不是你看到別人在一起很幸福，你照他的模式走也會得到幸福。人是活的，在相處的時間裡，兩個人都會變。你沒有想過以後會變成怎樣，只是想著現在這個人不是我要的，這個模版對不起來，當然就找不到對象。

你得知道，就算把麵包拿去烤，麵糰也會有變化。剛放進去的麵糰看起來很小，發酵之後卻變得很大！你沒有想到麵糰會變大，就只想著：「我要大的，我就是要挑大的。」眼前這個還沒發酵的麵糰，就被你活生生地捨棄了。

現在挑結婚對象，不管是那些很高的、很瘦的、很帥的或是很有錢的，反正過了十年、二十年之後，一定都會變的。你有辦法知道二十年後的他會變成怎樣嗎？永遠不會知道。但是，你從來不去看二十年後的他會變怎樣，你只是看到現在他是這樣，所以你堅持不要，等到二十年之後，你見到對方變得風度翩翩、一表人才，就心想著：「我要，我要！」

於是，你永遠都只有當小三的份。

為什麼現代社會會有這麼多的單身人口？這些人就是跟誰都沒辦法在一起，只能在那邊挑，寧缺勿濫，一直不結婚，到四十幾歲還是孤家寡人一個。嫁不出去已經是一個很大的問題，離婚率高又是一個嚴重的問題，表示這些結婚的人仍然是抱著敗犬的心態，態度非常高傲，也不願意去服務另一半。

我遇過許多感情失敗的女強人。大家都以為她在工作領域上很厲害，其實她只是態度很強勢，或是意志力很堅強，可以聰明地做出成績，但她跟對方只是生意上的關係，沒有真正的感情，所以最後還是只能當一隻敗犬。

這種女強人類型的敗犬有一種特性，她們不知道自己的個性是怎麼被養成的，而且被塑造得牢不可破。雖然乍看之下她很明理，能言善道，而且很聰明；但個性裡有些被寵壞的地方，而且不想被扭轉過來。

所謂「寵壞」的意思，就是應該改的地方卻不願意改，應該吃苦的地方卻不願意吃，有問題的地方不去面對，現在要他把過去幾十年的苦給吞下去，當然會炸掉。這種被寵壞的個性，必須要靠一些特別的教育方式矯正觀念，可是他從沒被人矯正過，被寵壞的地方仍會維持現狀。

要把他的個性拗回來時，那種痛楚簡直是要逼他去死一樣，所以沒人會拗，他自己也不會拗，就只好一直這樣下去，每個人都看到這副德性。這種狀況，只有遇到另一個可以把這種性格拗過來的人，才有機會能夠變得正常。可是，只要拗不過來就不能動，因為一動就會痛，然後也沒人敢碰，一碰他就哇哇叫，比誰都兇，硬的時候比誰都硬，這是感情世界裡的大忌諱。

敗犬的心態就是一直拗不過來。要跪的時候只跪一半，跪不下去，而且他很怕別人蹂躪、欺負，很怕吃虧就對了。其實，如果心胸能夠海闊天空，就不會覺得吃虧。敗犬也不見得要佔便宜，可是卻很怕吃虧，如果吃虧就會耿耿於懷，幾十年都過不去，一直想著自己吃了虧。

我所輔導的學員裡面，有不少人的年紀只有二十歲出頭。雖然他們的年紀很輕，沒有什麼經濟基礎，論學問、經驗都比不上三四十歲的人；可是，他們有兩個條件可以贏到底。

第一個，年紀。如果你今天已經三十歲，再怎樣都沒辦法贏過對方。

第二個，他已經決定真的跪下去，就算只跪了一腳也成功了。他開始吃苦，吃苦十年之後一定會有所成就。如果好好奮鬥，經濟一定會有起色，十年之後，他最多才三十歲左右，若他真的用心經營，一定會是個好爸爸，或是一個好太太。

經濟的關係跟愛情是一樣的。如果認真下去投資，你的感情很難會失敗。就算你下的賭注很大，只要好好做，成功率高達百分之八十五以上，應該是穩賺不賠的，再怎樣也不至於會傾家蕩產。

這些願意跪下去的年輕人一定會成功，這種人一定有機會結婚。雖然磨合期很痛苦，但他跪得下去，另一半就會忍受他，只要他願意低頭就比較可愛，另一半就會疼惜他。要是不知道怎樣讓自己可愛，那婚姻就會出問題，人家就會喊「卡」。

這些年輕人只是現在還不夠成熟，還有一些個性上的缺陷沒有被磨平，跟別人在一起相處的感覺會比較生澀。但是，他有明確的人生目標，如果另一半知道兩個人的目標是一樣的，這個工程可以一起執行，過程中的艱苦兩個人一起承擔，就比較容易過得去。

當然，對年輕人來說，也有比較棘手的地方。最大的問題在於他的經驗不夠，反應比較不靈敏，在情場上是一個新手，就像一開始摸電腦還不太熟悉。不過，這並不是大問題，只要能夠了解對方的方向跟自己一樣，只要彼此能對上眼，就可以結婚了——重點是雙方持續進步成長，彼此都越來越優秀，相處下來就會越來越舒服，婚後也可以忍受經驗不夠的生澀。

自我感覺良好

有些人很挑，自認條件很好，一直以為自己還有十七歲的優勢，這種心態其實非常危險，也將是婚姻中的最大敗筆。

有很多女孩子在離婚之後，就再也嫁不出去，問題出在哪裡？她以為自己還很年輕，還在幻想自己有很多人追，可是一旦離婚以後才發現：「咦？怎麼越來越多人不理我？」或許人家會走過來跟妳聊聊，可是一講到結婚，他們對妳簡直是敬鬼神而遠之。

「奇怪，發生什麼事情？」

年紀，年紀是最主要的關鍵問題。不是妳不夠好，是妳的子宮不再漂亮。只要年輕，機會就多了。但是，只要年紀大了，機會就不多了。

假設你現在只有二十五歲，可以找到對象的機會比較高，就會比較挑，你就會有很多雞蛋裡挑骨頭的理由。三十歲之後若還沒結婚，你就會看到別人的另一半都很不錯，偏偏自己遇到的對象都不太好，然後仍一直找不到好的對象。

怎麼樣的人會是好對象？這問題的答案並不重要，重點是：你不會選。等到你在挑的時候，好對象都沒了。再過幾年你就三十歲了，過了這個門檻以後，找對象的條件就比較困難，要玩的遊戲也不一樣。

如果女孩子到了三十歲，要找的對象差不多是三十至三十五歲之間，年紀稍大一點也可以，至於找年紀比較小的對象會變成姊弟戀，必須要想辦法克服障礙。

我最近作媒了幾對夫妻，有幾個都是年紀四十歲以上的女人，嫁給比自己小十歲左右的男生。所以，如果妳年過四十還沒嫁，要有個心理準備，現在有個三十五歲的男生願意娶你，就得趕快點頭，不要想那麼多的條件，免得到後來就是只能說：「只要對象是男人就可以了。」

我認識很多四十多歲仍未婚的男人。這些男人也有不成熟的地方，最常見的就是外貌協會的心態，所以找不到好對象。至於女生過了四十歲，還一直在尋找「優質男人」，可是開出來的條件都是跟「物質」有關——有漂亮的相貌跟頭銜，有身價、有地位，最好還要有品味，這種男人才夠格被稱作「優質男人」。可是，當她跟所謂的「優質男人」在一起的時候，才會知道彼此不合適。至於怎麼判斷合或不合呢？只有等到她嫁出去的時候，才會知道哪裡不合。

在我作媒的對象當中，有一對姊弟夫妻，先生比太太小十二歲。太太是一般人眼中的社會菁英人士，但是她先生看起來卻像個呆瓜——其實這位先生是個天才，只是多數人不明白他的優點而已。

照常理來說，優秀的女人看到這樣傻呼呼的男人，一定不會喜歡的。她們心裡會一直評估：「我的興趣跟你又不一樣，你講話這麼土，什麼條件都沒有；我跟你在一起，根本就是一朵鮮花插在牛糞上。」

「我為什麼要嫁給笨蛋？我為什麼不嫁給一個比我優秀的男人？」

物質條件優秀的女孩子，會認為自己的條件很好，期待白馬王子出現也是理所當然的事，所以總是挑這個不好，那個也不好，眼前的男人都被嫌到一無是處。可是，等到她終於挑到了一個好的對象，一定都是別人的丈夫，羨慕別人有那麼好的男人，為什麼自己卻找不到？

理由很簡單，因為她並不了解自己。

她不曉得自己愛的那個男人，不會喜歡像她這樣的女孩。可是，當有機會去嫁給一個有潛力成為優質男人的對象時，她又看不起對方。她挑對象的模式，就像在一座森林裡面要找出一株四葉幸運草，機會微乎其微。換成優秀的男人也是一樣，他要找的一定是符合某些條件的女孩子，但是他看上的女孩子沒有一個想要嫁他，偏偏看上他的女孩子，他全部都不要。這樣的人生不是很悲哀嗎？

我在幫人作媒時，常看到這些人總是過不了這一關。我看到一個優質的男人，看起來不怎麼起眼，其實是個好男人，偏偏女孩子就是看不上他。在他成長進步的時間裡，歲月一轉眼就過去了，然後大家都過三十歲了。

以婚姻來說，女人過了三十歲就不值錢了，條件真的不夠好。我跟每一個二十幾歲的年輕人說要結婚，幾乎每個都寧願死撐活撐著，一定要撐過三十歲、四十歲才要結，他們寧可把時間拿去談戀愛，男朋友一個接一個換，可是在她條件最好的時候死都不嫁，怎樣講都不願意。

二十幾歲的人為什麼不想嫁？為什麼都說過幾年再看看？因為他們覺得自

己年輕貌美，覺得還有機會再找一找、看一看，等一等、拖一拖。她不知道拖到二十九歲的時候突然變得沒有身價，在這段期間裡面，過去她所嫌棄的這些男人都娶了別人，等自己過了三十歲之後，她還在尋找比那些男生更好的「優質男人」——偏偏那些好男人幾乎都結婚了，她只好再找第二輪，或是比自己年輕的男孩子。但是，那些年紀輕的男人，對別人的態度通常就是跩、就是挑，或是不可一世，在一起也很辛苦。

這個迷思若不破除，永遠不會明白婚姻的遊戲規則。一般人根本不管婚姻的遊戲規則，只顧著自己的死腦筋，就是要找自己要的。等到你鎖定了對象、展開攻勢之後，才發現自己是對方不想要的人，最後你想要在一起的人統統都結婚了，所以總是找不到對象。

尋情者答客問

Q：找對象，不是應該須要先進行「風險評估」嗎？

如果你要玩股票，或是要去找工作、要去打仗，進行風險評估是對的。可是，你的另一半不是股票，你跟他相處不需要打仗，你永遠不要花時間去看對方的缺點，這個動作完全沒有建設性。

經營愛情，跟工作、賺錢是不一樣的。重點是兩個人願意一起進步成長，付出努力的態度是一樣的，但要對焦的重點不一樣。你只須看對方的優點，很努力地付出自己的愛，這樣就對了。這是一種非常偉大的情操，若是做不到這點，你的愛情不會美麗。

無法主宰自己的人生

所有感情上會發生的問題，幾乎都出在「不能自主」。

你明明喜歡他，卻不敢說出來，所以她最後成了別人的老婆。

你想跟女朋友說分手，但就是說不出口，只好半推半就。

要，你講不出口；不要，也講不出來，這就是不能自主。這並不是你受到別人控制，或是故意要去陷害別人，成因沒有那麼複雜。這種不能自主，就是你沒有辦法表達出自己真正的想法，也造成你的不快樂，變成了你的弱點。

很多事情你若不能控制，眼睜睜地失去為自己站台的權益，感情一定會有問題，這種事情尤其常見於子女與父母之間。舉例來說，現在你對於正在交往的對象很滿意，等到要結婚的時候，你媽媽忽然開出了你從沒預料到的條件；只要你沒辦法擺平，最後就只好分手，若過不了這關，就很難結成婚，在辦婚禮時也會出問題。

結婚會遇到的困難，往往不只是夫妻兩個人之間的衝突，加上雙方父母有時突然把你置之度外，他們自己會有很多的對話，你在旁邊跟本介入不了。然後再來跟你說：你怎麼不這樣？怎麼不那樣？要是你媽媽說：怎麼能送人家這種餅？拿去退掉！你招架不住，就只好買不是你要的那種餅。同樣的，拍個婚紗也會有人有意見，拍出來的效果也不是你想要的。

若是你什麼都不能主導，婚禮的氣氛當然會怪怪的，父母他們討論的事情，大部分都跟你沒有關。他們會去罵你老婆，他們會阻止你要怎麼做，或是強迫你要做什麼事情，告訴你這樣子不行、這樣子走會漏財、你現在這副德性是沒資格結婚的、你這樣子是沒辦法養家的……每次當你守不住自己的空間，就會一直很擔心他們要批評你、詛咒你、挑你毛病，你會變得不自在，那種感覺就形成了壓抑。

在婚姻裡想要修成正果真的很困難。每個人最後都說不娶了、不嫁了，甚至連爸媽都說：「不用結婚了啦，我養你就好。」我在提親的過程中，有不少父母都認為不需要結婚。

我遇過一位爸爸跟想要結婚的女兒說：「妳只有兩條路，一條就是滾出去，咱們斷絕關係；另一條就是妳回來，我養妳。」

甚至有媽媽會對兒子說：「要是你敢結婚，我就去自殺！」

聽起來很恐怖，話講到這樣的絕，但是不明理的父母就是這樣，是不是很可怕？聰明的人就知道該怎麼選。如果媽媽這樣講，妳必須跟媽媽說：「就算關係斷絕了，妳畢竟還是我媽。這要怎麼斷絕？」

每一次有人要結婚時，就會有這樣的問題。父母沒辦法阻止子女結婚，就只能講出斷絕關係的話。要不然，下一句就是攻擊你「不孝」，大逆不道，很無聊的罪名，是吧？爸媽可以說孩子不孝，但反過來說，父母怎麼會這樣呢？父母怎麼會因為你要結婚，就跟你說要斷絕關係呢？這樣的父母也不是真正的愛孩子，心態上非常幼稚、自私。

「孩子怎麼養大變這樣？」

「小孩怎麼都不乖？怎麼都不孝順？」

但是，到底是誰把小孩教成這樣？為什麼你們家小孩會這樣？為什麼你們教出來的小孩不孝順？為什麼你們教出來的小孩嫁不出去？為什麼你們家教出來的小孩都是敗犬？為什麼你們家教出來的小孩是這副德性？

不是每一家的小孩都這樣，也不是這一代的孩子都這樣。敗犬的父母親也要承認這個事實，但他們就是不願意接受。

我最常跟父母講的就是：「你把小孩寵壞了。你把他寵成這樣，那現在怎麼辦？」你要了解的是，我們的目的不是去批判你的爸爸媽媽，而是要讓你曉得，當爸媽用「斷絕關係」要脅你，或是要給你扣上「不孝」的帽子時，你要能夠守住自己的空間。你要知道，你並不是要跟他對峙或是跟他吵架，但你要了解他就是會這麼做，你不需要傷心難過地說：「我要聽從爸媽的，我不該結婚，否則我就被冠上一個不孝順的罪名。」

你怎麼會這麼容易被冠上「不孝」的罪名？家裡有你這麼不孝的小孩，不單單是你的問題，爸媽也要負很大的責任，責任是兩邊都要負的。

生養小孩有很多的責任，不想生的人跟父母的關係大都有問題。他感覺和父母相處這麼痛苦，這麼命苦，這是一個精神上的創傷。親子關係良好的人，婚姻幸福一定會加分的。如果你很討厭爸媽，很討厭爺爺奶奶，你也不會喜歡生小孩。小孩子跟父母親的關係惡劣到這種地步，父母也要檢討，怎麼做父母的人可以做到讓孩子這麼討厭？這也是很不容易的事。

如果你在長輩眼裡是個不夠成熟的男人，感覺起來像個毛頭小子，在交女朋友到結婚的過程中，問題一定會很大。你跟女朋友可能感情很好，但只要岳父、岳母一見到你，就會跟女兒說：「不要嫁給這個傢伙。」

「妳嫁給他，以後連飯都沒得吃，該怎麼辦？」

「他一看就沒什麼責任感，眼神飄忽不定的，腳又一直搖……」

女方父母的態度，會造成女朋友跟他吵架，或是讓女孩子跟自己爸媽對立，甚至連男方父母都加入戰局，所以婚禮會被父母親破壞掉。

要是你講話不夠穩重，給人輕浮的調調，像是：「不然就隨便啊！」

「我媽就這樣，不必理她。」

「啊，不管啦！她怎樣想是她的事，反正我還是要結婚。」

像這種幼稚的話，以為自己很酷、很有男人味，或是自以為這樣就叫瀟灑，可以解決世間所有的問題。但是，其實你並不獨立，還要靠父母幫忙，還是要跟爸媽拿錢，以社會標準來說，仍是不登大雅之堂、沒見識、沒禮貌，一副目中無人，自以為自己很酷的公子哥兒。你看起來不是很端莊，不是很一表人才，不太像是正人君子，所以，當你要結婚的時候，沒有人會看好。

你到底是好人還是壞人，到底有沒有出息，不是岳父母看得見的。他看到你還不成氣候，你就是吃虧。他們會想：「女兒嫁給這個傢伙絕對會倒楣。」然後，他們就會想盡各種方法不讓女兒嫁出去，關係會愈來愈惡劣，等到最後女朋友真的開始論及婚嫁時，爸媽就會一直從中作梗挑撥，婚姻當然會有問題。

婚姻的問題，不僅是來自於丈夫跟妻子之間相處的問題而已，家長對孩子的影響非常重大。你身上有很多的個性，包括言談舉止，都跟你爸爸或媽媽有非常大的關係。大部分的女人對待先生的方式，是以她媽媽對待爸爸的方法作為範本，也可能加入很多不知道哪裡找來的資料，可怕的是那些資料根本都是錯誤的，甚至是有傷害性的。

至於怎樣的表現，對於父母長輩來說才是最安全的？

很簡單。你就是要表現得非常乖巧，所有事情都很有禮貌。基本上，你的穿著打扮、講話與做事情的態度，都影響到你給別人的感覺。如果你是那種屌兒啷噹，自己覺得自己很帥，完全目中無人、人來瘋的那種，當然很難得到家長的信任，就算結了婚，岳父岳母也會對你有意見。

所以，岳父岳母有很多事情是不會跟女婿溝通的，而是直接跟男方的爸爸媽媽溝通，事情要怎樣處理全都是他們在講，完全沒有經過你的同意；換句話說，你根本沒有參與討論的能力。為什麼會這樣？因為他們把你當小孩看待。

你的表現能不能被接受，非常重要。當你在結婚的時候，一切的問題都會浮上檯面，如果沒有學會這件事情，你的婚姻會不斷地出現問題。就算老婆或是女朋友很欣賞你這副唯我獨尊的調調，在結婚之後呢？這副德性還會是優點嗎？

結了婚以後，女朋友的身分會變成老婆。當身分轉換之後，你在社會上給別人的感覺會影響到另一半的心情。女朋友已經愛上你，決定跟你結婚，但結婚以後，別人會說：「你老公怎麼總是一副不長進的樣子？」每個人都跑來跟老婆說先生怎樣不好，明明是你的問題，別人卻跑去罵你老婆，老婆就得承受很多額外的壓力，也會變成兩個人吵架的導火線。

所以，婚姻不是你找個人嫁、找個人愛，非也。你的問題若不改過來，會讓你在婚姻這條路上走不遠。或許撐個三年、五年，也有可能二十年之後才引爆，這不是代表二十年來的婚姻都很美好，而是你在這段時間一直忍耐，最後撐不住了就崩潰。

別人為什麼不喜歡你？為什麼感情維繫不下去？這才是我們真正要討論的問題。一開始，你可能可以戀愛，可能可以結婚，也可能會結成婚。但是，最後能不能通過婚姻這段漫長的考驗，還是個未知數。

註一：《敗犬站起來》

陳海倫著，創意出版社出版。本書探討敗犬的世界，包括敗犬的藉口、變成敗犬的理由、敗犬的案例以及敗犬的罩門，針對目前普遍的單身現象探討，這些敗犬們到底發生了什麼事情。

第4章

先結婚，再談戀愛

為什麼要先結婚，再談戀愛？

一般人都會認為，兩個人要情投意合才能結婚。但是，經我作媒的例子，幾乎都不是這種情形。有許多我作媒的夫妻，原本兩個人都抱著極度不願意結婚的態度，而且對彼此都沒什麼特別的感覺，完全是靠著我的三寸不爛之舌，講到讓他們從不婚主義變成夫妻。雖然婚前兩個人都看不順眼，但經過了三年的磨合之後，基本上感情已經趨於穩定，不會動不動就想離婚，而且還很有夫妻臉呢。

這種結婚的方式，有兩個地方非常值得各位了解。

第一，兩人完全不是因為看上對方才決定結婚，而是結婚以後才開始戀愛。這完全符合我所提倡的**「先結婚，再談戀愛」**理論。

第二，他們在磨合的過程中，彼此都有非常多的不確定、不舒服，婚姻並不是原本所預料中的那樣美好。

一般人在還沒結婚的時候，都非常在意對象至少要看得順眼，才考慮結婚。

關於這個觀念，到底對方長得有多醜或是多麼無法接受都不會是大問題，簡單來說，每個人把妝化一化，看起來都很漂亮，沒什麼困難。

至於「外貌協會」的要求其實也不那麼重要，為什麼呢？過了十年、二十年之後，每個人都會變。或許這個女孩子現在看起來很土，誰能料到之後醜小鴨會不會變天鵝？這個男生看起來很笨拙，可是誰又知道最後他會變得一表人才？

根據我所做過的媒，我見過太多這種幾乎是魔術表演才會出現的事情。所以，如果你是外貌協會的一員，我奉勸你早點擺脫這些觀念，因為非常幼稚。

有許多男孩子一開始看起來像神經病，很野蠻、不可理喻，女孩子一開始看起來也很不溫柔，個性很兇惡。當你看到像神經病的男孩和很野蠻的女孩在一起時，感覺只能用「突兀」兩個字來形容。講更明白點，就是要他們兩個在一起相處，簡直是天方夜譚。

但是，當他們結了婚、經歷過磨合期之後，兩個人變得很登對，男孩子開始變得成熟穩重，女孩子開始學會打扮，也變得端莊嫻淑。若把時間拉回到婚前，當你看到女孩子本人，簡直像個男人婆。如果你是男人，又是外貌協會的一員，見到一個男人婆，怎麼可能會娶她？她講話兇狠的樣子，一點親和力都沒有，活像個母夜叉。

假設現在讓這些我作過媒的人再結一次婚，把女孩子再嫁出去，或是讓男孩子再娶一個老婆，一切都會變得很簡單，而且還是搶手貨！只是，現在要你自己親身走過這一條路，真的非常不簡單。

還沒踏進婚姻的人，對婚姻會抱著非常嚴重的迷思，決定結婚的那一步很難跨出去。這有點像是想學游泳卻不敢下水，要怎麼想像把頭浸在水裡是什麼感覺？換個角度來看，如果願意跳進水裡就開始學的人，就不會有什麼大問題。至於一個一直不願意穿泳衣、不願意下水的人，就會是個問題。

當然，你可以說，穿著泳衣也是滿難受的，把頭浸到水裡也怪怪的，這些感覺都是很突兀的。可是，只要你願意跳進去，磨的事情就會不一樣。你不會磨什麼外貌協會啦、不會磨什麼沒錢不能結婚啦、這個人我不喜歡、個性合不合……

沒有這些阻礙的問題。

你想的是：「我們兩個要怎樣才能夠好好一起生活？」這是很有建設性的。但是，沒有意願的人都在想：「我沒辦法接受這個傢伙！」然後，一直停留在「挑」的過程。

那個「挑」的動作，浪費了你的大好人生。

有很多年紀過了三十五歲才生小孩的孕婦，她們最大的領悟就是希望早個十年生孩子。可是，等到自己這麼老了都還沒有學會，那些早就該做的事當初就是不願意去做，青春全部都被白白浪費掉了。

結婚這件事情也是一樣。我認識一位導演，最近一次跟她聊天，她才跟我說：「我終於想通了，我想要結婚。」她應該早點覺悟。早在我認識她的兩年前，在這段時間裡她足足胖了七公斤。在我剛認識她的時候，叫她結婚，她是不會乖乖聽話的。到了現在，身上多這七公斤，就會讓她嫁不出去，然後，她的腦袋就會更加的堵塞，像水泥一樣愈來愈堅硬。

年齡是非常重要的關鍵，相較之下，對女孩子來說又更加重要。妳一定要在自己很漂亮的時候讓自己嫁出去，即使過程不見得會很舒服——不要以為結婚就一定很舒服，磨合當然不會舒服，可是這條路卻一定要走啊！

舉個例子來說，上學會有多舒服？你卻不能不上學。否則就不要上學，坐在家裡自我教育，要不然還能怎麼辦？你明明就應該要去學校，穿制服、拿著書包就去教室上課，偏偏你要賴皮在家不上學，一天到晚說「我不愛那個學校」、「我不喜歡那個書包」、「我不要穿制服」、「我為什麼要讀書？」……這不是非常幼稚嗎？

不結婚的人就是這樣。然後還在想我要挑誰、挑對象要有什麼條件，就是在挑書包、挑制服、挑學校、挑老師。上學舒服嗎？不舒服。但是，去上課了就會好，學習就會有所改變。如果不改變心態，你會愈來愈老，以為自己一定會挑到更好的對象……不可能，現在就可以很明確地告訴你答案。

如果是我幫你挑的話，我挑的方式，就是你沒辦法挑的那一部分。我挑的，就是十年、二十年之後對你最好的選擇，那就是我挑人的原則！因為**我看的是未來的幸福，你挑的是現在的快樂。**最後哪個比較重要？

要是你堅持選擇目前的快樂，可以！將來你要為此付出代價，十年、二十年之後一定會摔得很慘。現在我幫你挑對象，不管怎麼看你都覺得不合，但是十年、二十年後會合，那我問你：你會選擇現在很甜蜜，十年、二十年後痛苦地離婚呢，還是要選擇現在磨合地很痛苦，可是十年、二十年之後會甜甜蜜蜜，如膠似漆？

理論上來說，當然是後者為佳。可惜的是，一般人等不到那個時候，就是想貪圖眼前的快樂。好比你在減肥不能亂吃東西，偏偏就是忍不住想吃炸雞，想要吃大餐，不願意先苦後樂。

我作媒的方式就是先苦後樂。我不奢望現在所有被我作媒的人會感激我，因為一開始真的非常非常地苦，但是等到生了小孩、過了二十年之後，這些被我作媒的人都會很感恩，而且很欣慰自己結了婚。

我幫你配對的時候，你一開始怎麼看都覺得不對勁，與自己心裡所想像的「白雪公主」、「白馬王子」差距很大，那些夢想永遠都不會實現，就像一直在等待天邊出現彩虹，等到夕陽下山又天亮，日復一日，年復一年。等待的歲月催人老，那種一直停留在「挑」、「寧缺勿濫」的心態真的很幼稚。

你的市場在哪裡？

我常常講：有人要娶，趕快嫁；有人要嫁，趕快娶！最重要的，是你有沒有「市場」？而不是你喜歡什麼。如果沒有市場，今天你想要開店，不管是開奶茶店或是咖啡廳，沒有人來買又有什麼用？今天多你這間咖啡廳，對這個城市有差別嗎？誰會在乎多喝一杯咖啡？偏偏你就是堅持要開咖啡廳，誰會在乎你的咖啡煮得多棒？沒有你賣的咖啡又會怎樣？可以去別的地方喝，要不然，不喝咖啡也不會死啊！

在婚姻的世界裡，也是完全一樣的道理。你的條件很棒，當然很好啊！但是你若不存在，這世界也不會怎麼樣。難道缺妳一個女人就是世界末日了嗎？難道不能沒有你這個男人嗎？

所以，不要一直以為你很重要，不要以為白馬王子、白雪公主總有一天一定會出現，然後一直在那邊癡癡地等。現實的情況就是：沒有牛肉麵，就吃肉羹；沒有肉羹，就吃陽春麵！吃什麼不重要，重要的是把肚子給填飽。

選結婚對象，就是這麼現實。不要以為別人不能沒有你，不要以為你很偉大。就算你從世界上消失了，有差嗎？可是，現在要佔位置的人是你，是你自己嫁不出去，不是別人娶不到老婆。如果連這個危機意識都沒有，就會以為自己很厲害、條件很優秀，可以找到怎樣怎樣的對象，對方要符合什麼條件才能配得上我……你以為你是誰啊？

這種心態，就像開店時一直想著要有什麼風格的裝潢、咖啡杯要用什麼材質的、店內提供什麼特色的風味餐……想那麼多要幹嘛？因為根本沒市場，沒人會買，當然也不會有人在意那些事情。換句話說，開了店也要準備倒店了，撐不下去了嘛！

如果妳是女人，奉勸妳最好在二十六歲之前嫁掉，然後趕快生孩子，努力朝著自己人生的目標前進。但是，如果過了三十歲感情還沒有著落，就等於是每天都在閃紅燈！紅燈一直閃，還死撐著不走嗎？閃紅燈對你來說有什麼意義？就是在警告你趕快往前走，不是賴在那邊不動，整個人生都被卡死了，然後又一直很怕吃苦。當別人都已經飛到美國又回來了，你還停留在火車站裡，不知道該買哪一張票？所有的青春都完蛋了。你應該趕快搭上這班火車，就算只是普通車，跑得不快，至少還是有在動啊！不上車，永遠都只能停留在原地。

男人也是一樣，不能死腦筋地想著一定要有房、有車、有錢，才能風風光光地迎娶心上人。等到這個時候，心上人早就跟人跑了！對待女人最好的方法，就是娶她，愛她，而不是辦一個隆重的婚禮或送一棟漂亮的房子。先娶了她，其他的就看你的本事，你想要給她什麼，有一輩子的時間可以慢慢給。

所有還沒結婚的人，都覺得沒有那麼恐怖。在二十六歲的時候覺得無所謂，然後莫明其妙就過了三十歲，這邊攪和一下，那邊攪和一下，一轉眼過了三十五歲變成高齡產婦，孩子就很難生出來了；更慘的是一直逼近四十歲，這輩子想結婚幾乎已經沒指望了，一切都結束了。妳要嫁，就只好去嫁給沒人要的糟老頭子，要不然就是去養小白臉，跟別人搞姊弟戀！

假設妳現在的年紀是二十六歲。在這階段來說，最偉大的並不是妳智商有多高、外表有多好看，而是因為妳的年紀只有二十六歲！這個數字是踏入婚姻最好的競爭力。

如果今天有個女孩跳出來說：「我只有二十二歲。」那妳就輸了，只好趕快看看自己有什麼其他的競爭優勢，有什麼好條件。妳若有本事拿出好條件，人家就願意娶妳。但是如果有一天，妳進入三十歲的階段，這個年齡數字就不值錢了；要是再加上妳很胖，長相又不夠漂亮，又不愛打扮，話也講不好，機會就等於是沒了！

女孩子想嫁人，就算講到第一百個條件，還是要漂亮。漂亮不一定是天生的長相，但一定要會打扮，要是不打扮，就死定了！不信的話，可以去問問每個男人。或許他不敢承認自己是外貌協會的一員，但心裡或多或少都會對另一半有這樣的期待啊！

他也許會客氣地說：「我對長相的要求不多，看起來順眼就好。」但你可知道，光是要讓他「看得順眼」這件事，有多麼困難嗎？

看起來漂亮，看起來健康，賞心悅目，是最最基本的籌碼。為什麼？因為人家娶老婆是要生小孩的，所以當然要健康，身體健康才會真的漂亮。沒有那種漂亮但不健康，看起來一副病懨懨要去死的，這種人看起來是不會漂亮的！

大部分的人結婚都會想要生孩子，選對象時就會把年齡做為重要考量，孩子要健康，跟媽媽的年紀很有關係。最好二十出頭就生孩子，狀況好的不得了。你可以觀察一下，有些年輕的媽媽還沒三十歲就生了兩個孩子，要是你過了三十歲卻連個結婚對象都沒有，難道你還覺得自己很年輕嗎？這就是非常可怕的地方，你的人生永遠在跟時間賽跑啊！

我要幫女孩子作媒的時候，只要夠年輕，年紀就是一個絕對的優勢條件。只要妳不要太醜，不要一副吸血鬼的模樣，什麼麻煩事都能搞定。但年輕的女孩一定要動作快，要非常積極主動，否則一定輪不到妳結婚！因為年紀大的女生比較懂得要怎麼搶男人。

這些熟女在感情上比較有經驗，也比較放得開，所以很有機會搶贏。最厲害的人，會直接趴上去霸王硬上弓，就說：「我要嫁你！」成功率很高的。二十歲初頭的女孩子還很矜持，扭扭捏捏，玩不贏人家，所以要搶到好對象一定要很拼命。

不過，最糟糕的情況，就是年過三十歲的敗犬還不願意去拼，甚至以為自己還有二十歲的條件。二十五歲的時候，或許妳還能囂張一下，但再等個幾年就全盤皆輸了。所以最好不要太囂張，姿態不要太高，趁著自己的條件還夠好，還能夠主動出擊時趕快去搶男人，包妳一定會贏。

曾經有個女孩，年紀才十八歲，就跑來跟我講說：「陳顧問，我要嫁那個人！我可以嫁給他！」她有這樣的意願，當然就結成婚了，現在連孩子都已經生了。你得要知道，有些人只有十八歲就已經知道要主動了。要是過了三十歲的年紀還不搶，以為自己有十八歲的條件，以為別人會倒貼，根本就是腦殘！如果妳還在那邊故作矜持，一定會輸得很慘。

這就是婚姻的一個基礎，可以打破所有你對於婚姻的想像——你以為的婚姻，並不是你想像的那樣。

尋情者答客問

Q：才剛成年，就可以準備結婚了嗎？

之前有一間媒體訪問我，提到因為經濟問題，美國有許多人打算延後結婚，怕的就是沒錢。在台灣，這個問題也很嚴重，大家都想要一個舒服完美的生活。大家都想要錢，因為要買名牌的包包，想要漂亮的房子，想找到一個好工作的企圖心甚至比想找一個好對象還要強烈，希望薪水有保障，生活可以安全無虞——這觀念非常不正確。

我們講的是愛，愛是不應該包括這些東西的。如果你真的愛上一個人，不會想要花多少錢去娶她。你可以去問問女人：「妳喜歡那個男人，是因為他有錢嗎？」理由絕對不是因為錢。如果在一起是因為錢，就跟愛情沒有關係。

你再找一個年輕的帥哥，問他：「你有錢嗎？」他說：「沒有，我很窮。」那他就沒人要了嗎？

我跟各位提到，婚姻是一加一大於二。你能獨立靠自己，夠成熟，就可以結婚。你能不能付自己的房租？可以的話，就可以結婚了，答案就是這樣簡單。

如果你要嫁這個男人，他可以付自己的帳單，你可以搞定自己的開銷，這樣就成了。至於其他的關卡，咱們一起想辦法度過。成年代表你能夠獨立了，當然應該早早結婚才對。

別在婚前談戀愛

結婚，第一個要講的就是速度。拖久了，就是浪費時間——除非你二十歲以下。如果你的年紀已經超過二十歲，我不希望你再拖著不結婚。如果你交往的對象沒有結婚的打算，你最好要有分手的準備，因為不結婚最後就一定會分手，長痛不如短痛，而且一定會一直痛下去。你何必要一直折磨自己，又綁住別人呢？

只要兩個人曾經在一起，就會產生一些放不開的情愫。有時如膠似漆，有時狂風暴雨，但若沒有跨過婚姻的門檻，又無法下定決心分手，就只好一直卡在那裡，不但沒有進展，而且只會愈來愈糟糕。

要談戀愛，就要談婚後的戀愛，不要談婚前的戀愛。婚前的戀愛只要沒結婚就一定會分手，時間拖久了，浪費兩個人的時間。你只是感情用事而捨不得分手，一直在想會不會有轉機。我現在就可以告訴你，絕對不會有轉機。為什麼？許多人愛情長跑了十年，結婚了之後還是離婚了。如果真正會在一起，一開始就在一起了，選好、看好就可以結婚了，不需要等那麼久。如果不趕快分手，這段感情一定會不了了之，遇到下一個交往對象，差不多要間隔三年。請問，你的人生有幾個三年可以這樣耗？

如果你只有十七歲就無所謂，二十歲勉強也還可以再分手一次。但經過這麼一次又一次的分手，人生哪有那麼多的時間？只要找到一個願意一起走的，應該馬上就去結婚，然後生下小孩、為人父母，人生有了定位，故事就這麼簡單。

所以，當遇到適合的婚姻對象時，你要很珍惜。

我作媒過一對很年輕的朋友，二十歲就結婚了。當時，女孩子跟他先生說：「我會幫你生小孩，但我可能之後還是不會愛上你。」現在他們已經有了兩個小孩，而且最近她先生說，老婆終於會主動來牽他的手，光是這樣就足以讓他感動個老半天！

旁人聽起來可能沒什麼，但結婚的人就常會有這種感動發生。他們開始牽手了，兩人開始相愛了，開始討論要怎樣去教育下一代，也會講出兩個人之間的問題，感情就慢慢地成長。

他們是閃電結婚的。一開始的確是不愛對方，但如果一開始沒有閃電結婚，戀愛根本談不下去！看看電影，牽牽手，喝個咖啡等等，有夠無聊的。可是，當結了婚之後就很有得聊，什麼事情都可以拿來聊。

如果你是很需要被愛的人，就一定要結婚。結婚之後，你就能享受被愛的感覺。因為妳是他老婆，他就會對妳很特別。「這東西我要留給我老婆。」他也沒做什麼特別的事，但光聽這句話就爽得要命，因為妳在他的心中有一個地位。但如果妳的身分不是老婆，就感受不到那種被愛的感覺，會覺得反正他對大家都這樣，對妳也差不多。

如果你不結婚，你就會挑對方的問題，然後一直把它擴大，最後就會分手。

假設你找到一個人談戀愛，該怎麼去了解對方？一起看電影嗎？一起用餐嗎？牽手嗎？接吻嗎？觀察穿著談吐嗎？打聽家世背景嗎？你不可能真正了解一個人。不是你不夠厲害，而是連他都不認識他自己，你又要怎麼去了解他？你問他十個關於人生的問題，他都跟你說不知道，就算回答了也不正確，明白嗎？這就是重點！他自己都不清楚為什麼自己會這樣回答。

不過，我可以了解你。我了解你的程度甚至超過你自己，我能了解你是透過非常多的專業，還有我自己本身的興趣，也要讀很多的書去了解「人」。我看你講話就會知道你的人生發生了什麼事，但你完全不知道自己的人生為什麼會變成這樣，那你又如何要求別人來了解你？

你要徹底了解一個人，需要用一輩子的時間。你爸爸生了你，尚且不能了解你；你媽媽養你，也跟你有很多話是講不通的，所以你希望找到一個可以了解你的對象——不是我在刻意貶低你，而是這件事根本就是天方夜譚。

今天你跟一個人談了兩年的戀愛，你們能多了解彼此？不可能。那你為什麼要浪費這兩年？乾脆閃電結婚再去了解，至少他是你的另一半，你會開始經營婚姻生活，開始生小孩，這才是真正的人生。

當你跟另一個人的關係是男女朋友的時候，你所了解的一切並不是事實，因為彼此都有所隱瞞。他的穿著打扮、表現出來的一切都是為了你，但這並不是他原本的樣子。你跟他結婚之後，他未必會穿成這樣，也不會用同樣的態度跟你說話，你們交往過程中發生的火花只算是逢場作戲，你付出再多也都像花籃提水，空跑一回。

你以為花久一點的時間就能更了解對方？我必須告訴你事實，只是隱藏的技巧更好一些，掩蓋的事情更多一些。如果這種說法成立的話，你應該很了解你的高中同學才對，是嗎？而且你們幾乎天天都在一起，尤其是坐旁邊的同學，是不是最了解他呢？並沒有。那些社團裡一起打球或一起登山的同學，你有比較了解他們嗎？也沒有。

我甚至不需要跟你見過面，但我就可以很清楚地知道你在想什麼，有什麼問題。我可以花五分鐘聽你敘述跟另一個人交往的狀況，然後就告訴你會有什麼結果。

有一個女孩子第一次來見我，她說她跟男朋友在一起八年。第二次她來見我的時候，我跟她說：「妳可以跟對方分手了。今年就找個人結婚吧。」她聽了，兩行眼淚馬上流了下來，但過了一個禮拜，她就提出分手了。現在她已經懷孕，準備要生孩子了，婚姻狀況好的不得了。

她問我：「為什麼當時你知道我該分手？」因為我能夠了解，她跟前男友在一起八年不會有結果，只是她下不了分手的決定，就這麼苟延殘喘地拖著。

當然，也不是一定得要分手。只要對方不願意跟你結婚，沒有認真經營的打算，那就得分手。我幫過很多人分手，也幫很多人結成婚。要是你還想要到處晃晃，到處看看，不想要這種閃電結婚的方式，可以！但前提是：你的年紀只有十七歲。

尋情歷險者：Amy

我在所有聯誼或認識新朋友的場合，都是非常真實地展現我自己，因為我並不想抱著用欺騙的態度讓對方覺得好像我在交往前是個小女人，熟了之後就變成了母老虎。但重點是，這些人也沒有真的想要了解我，坐在我面前的男生從頭到尾都只是很開心地講自己的事情，有時甚至連我的名字都沒問過。他們對真實的這個我並沒有興趣，他想要的只是一個嬌滴滴的女孩子，會跟他撒嬌，打扮得很漂亮的女生。我常跟很多人聊得很愉快，但最後這些人還是沒有跟我聯絡，所以我會認同陳顧問的作媒方式的理由是，因為我親身嘗試一般聯誼認識朋友的方式很久，但往往都處於鬼打牆的狀態。

陳顧問：

透過《尋情歷險坊》的幫助，經由我作媒，Amy不只結了婚，現在她與先生的感情非常親密，也正在待產中。當然，Amy還是有很多問題要去面對解決，這是不管嫁給誰都會有的情況，但她適應得很好。決定結婚才開始談戀愛，結了婚之後，日子一天比一天好，一天比一天美。現在夫妻兩個人共同努力，談一輩子的戀愛，把小孩養大，享受幸福的婚姻。

在此，特別嘉許他們夫妻能夠勇敢跨出這一步，也為他們倆相伴一生的承諾給予祝福。

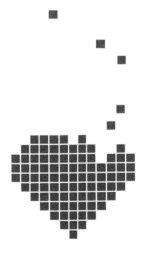

第5章

外貌協會

你要好老公，還是摧花手？

外貌協會的人，往往對婚姻有嚴重的迷思。

既然要結婚，兩個人在一起的目標必須是一樣的。要找對象，就要找一個也要結婚的，對不對？可是，外貌協會的人沒有在想這件事。他想的是：那個人的長相不夠標緻，身材不夠漂亮。

那些條件，跟結婚的夢想有什麼關係？

這就表示，他只想要對方的身體或相貌，一切只是為了自己爽，他並沒有想要真的結婚。像這樣的人，感情會一直破碎。他會一直談戀愛，不斷找尋下一個美女，但每一次都只能以失敗收場。

如果對婚姻抱持著夢想，十年後要有三個小孩，當個好父母，把小孩教育好，你就會拼命努力懷孕生子，然後想辦法賺錢養育孩子，這樣的愛情就不會有問題。如果對婚姻完全沒有計畫，就只是在情海中不斷地遊蕩。和這樣的人結婚，最後絕對會出問題。

會結婚的男人，要的就是一個家庭；女人要的，就是一個歸宿。至於該嫁給誰？當然要嫁給一個想要擁有家庭的男人。如果只注重外貌、身材的人，就會嫁給一個會外遇的男人，會一直發生分手、離婚的問題，當中的差別已經很清楚了。

嚴格來說，不進步成長的人，幾乎沒有結婚的資格。就算他結婚以後，還是會想跟別的對象發生關係，就算他自己不外遇，另一半也會去搞上別人，因為他選的人就不對，這是一開始就知道的問題。因為當他跟某個人在一起時，以為找到了真愛，可是對方會發現他不進步，發現他不想要生小孩，就會知道他結婚只是為了自己高興，會發現怎麼會有這麼多的不合？

不進步的人，永遠只是蹉跎自己的青春年華。然而，當他再度戀愛的時候，對象永遠不會是正人君子，一定會一直胡搞下去，搞到年華老去，他跟很多人上過床，性經驗很豐富，可是在感情世界裡一直達不到夢想。

於是，他就會開始感到迷惑：「為什麼要結婚？」

「夢想是什麼？」

「不生小孩也可以啊。」

「結婚很麻煩，何必要自討苦吃呢？」

然後，他就開始發瘋，因為他的心已經被汙染了。

被汙染也沒關係，只要有夢想，這些髒東西都可以被擦乾淨。可是，如果沒有夢想，最後一定會迷失，變成只有眼淚，只有迷惑，說出來的話只剩那種尖酸刻薄的理論。

「誰說女人一定要嫁？」

「沒有結婚，不行嗎？」

「為什麼一定要生小孩？」

「兩個人要是不能溝通，在一起會幸福嗎？」

講出來的話跟瘋子一樣。這些奇怪的思想是怎麼來的？因為他已經受傷了。

如果你很年輕，跌倒受傷個一兩次，沒有什麼關係。若是拖久了之後，就會開始不正常，你就知道他的感情狀態已經不行了。如果是聰明人，一看就知道這個對象不行，馬上就不要了。要是笨一點的人，沒經驗的，只要是看到外型漂亮的，都想帶回家。

要是你不懂得怎麼挑對象，就會挑那種金玉其外、敗絮其內的人，只看對方體不體面，長得漂不漂亮，帶出去好不好看。至於那個人心裡有沒有受傷，你看不透。

如果你挑的對象是有受傷過的人，又沒有能力處理的話，遇到狀況一定不是對手。你一直想要帶著他一起朝向美麗的夢想前進，問題是，他根本就沒有夢想。你每天都對著他說：「我會好好對待你。我們的夢想就在前方，跟我一起走吧……」誰會跟你走啊？他在婚姻裡，根本不可能會和你攜手合作。

就算對婚姻懷有夢想的人，也有可能常會感到困惑，因為你選的人在感情上曾經受過傷，有很多容易被別人踩到的地雷。要是你不會處理，他就會到處閃，說類似這樣的話：「幹麻這樣逼人啊？」

「沒有錢結什麼婚？」

「慢慢來，不用急啦！」

「你這樣子行嗎？你曉得你在幹嘛嗎？」

「為什麼你滿腦子就是結婚，完全不在乎別人的想法呢？」

因為感情受過傷，就會變成這個樣子。他們提出這些問題，你能夠處理嗎？在他的眼裡，感情經驗越豐富的女人愈有吸引力。講得更直接一些，不是處女的人比處女來得更有魅力，就像噴越多農藥的蓮霧越漂亮一樣，挑蓮霧只要外型漂亮就好。

如果是懂的人，就知道挑蓮霧一定要挑有機的，外表有些坑坑洞洞也無所謂，因為這是真材實料的，挑這種才是健康的。連挑水果都曉得應該要挑健康的，可是挑對象的方式卻很不健康。

外貌協會的觀念，就像是那種沒經驗的家庭主婦，去到很貴的市場，都挑那種看起來最漂亮的水果，也就是農藥最多的。這些人掛著健康之名，卻完全不懂得行健康之實；他以為有在運動的就一定健康，以為妝化到白裡透紅的、走在時尚尖端、在情場上手腕高明的對象，對他來說就是比較有吸引力的對象，這是完全錯誤的迷思。

你可知道那些外表風光的後面，隱藏了哪些事情？就像水果噴過很多農藥，他認為看起來漂亮才叫做健康——錯。完全錯。如果以這樣的標準，有機的蔬果反而最不健康，忠厚老實的男人也不健康，因為話都不會講，看起來活像個白癡，女孩子看他像個呆頭鵝，因為他還沒被汙染過。

在我眼裡，這些年輕、肯上進的男人是上等的好料，可是看起來都呆呆的，就像還沒成熟的蔬果，放在菜市場乏人問津，大家都去挑那種農藥很多、外表很漂亮的，天然有機的反而不討喜。

像這種男孩子的優點在哪裡？當他四十歲的時候，成就可不得了。可是，一般人誰會等你到四十歲？現在看起來就是一副蠢樣，就像蔬菜的賣相不好看，上面還有被蟲咬過的洞，這種看起來醜陋不堪的有機蔬菜才是真正具有營養價值的。偏偏一般人都喜歡吸毒，到菜市場挑最貴的或是基因改良過的，上面全都是農藥跟化學物。現在有很多改良過的水果簡直甜到不像話，像加了糖水似的，無知的人們反而喜歡挑這種水果；看起來很漂亮、吃起來很甜才覺得好吃，越不健康的反而越受歡迎。

在幫人作媒的時候，我跟女孩子說：「妳嫁給他一定會幸福。」她說：「他太乖了，我喜歡壞男人。」

這些人的心態就是這樣，就是要挑農藥多的。所以，挑老公最好會吃檳榔，會抽菸，會划拳，吃喝嫖賭樣樣都來，這樣才刺激。

所謂的「男人不壞，女人不愛」，這種狗屁理論就是說：你最好是個情場老手，知道怎麼愛撫對方，知道怎樣講花言巧語，對方就會買單。如果你是個傻瓜，不會講甜言蜜語，不曉得情場手段，不會親也不會抱，就等於是一個沒用的東西，因為不符合談戀愛的標準——戀愛的「迷思」，就是那種感覺。

為什麼男人不壞，女人不愛？因為越壞的男人就越能夠搞女人、控制女人，他有很多的情場經驗。那麼，那些沒經驗、很青澀的男生，對我來說他們是好男人，因為他沒受過傷，他的心很健康，就像一張白紙，可塑性很大。他不會亂搞，不會外遇，這才是我們要找的對象。

但是，妳整天想找的那種「壞男人」，在一起會發生什麼結果？當然很容易想像：他搞完了你，就去搞別人。他很容易外遇，很容易劈腿，對吧？要是妳吃這一套，當然就是活該被人家搞。

這樣解釋之後，你就該曉得「外貌協會」的弱點在哪裡了吧。

不結婚，美若天仙又如何？

如果你想要創造屬於自己的幸福，就應該老老實實地跟另一個願意結婚的人去經營，然後一起學習，認真體驗其中的過程。但是，有些人就是一直迷思於喜歡那種舒服的感覺，只想跟那種很厲害的男人在一起，期望他可以帶妳去吃燭光晚餐，鮮花、珠寶送個不停，最好是騎著白馬又拿著寶劍，一出場時威風凜凜，讓妳臉上很有光彩。

那些都只是幻想。真正的丈夫絕對不是這樣，是那種粗俗、憨厚、看起來呆呆的家居男人。所以，好男人的形象應該是怎樣？就看妳自己怎麼去定義了。

妳要的對象是什麼樣子的人？要是妳期望的是那種情場摧花手，他知道該怎麼樣摸妳，怎樣讓妳舒服，怎樣讓妳情慾高漲，老實的男人哪會這招？他現在就是不會啊。但這並不代表他永遠都學不會，就只能一步一步來。

我幫人作媒很簡單。我跟你講你跟誰配，只要你願意，我告訴你怎麼做可以馬上結婚，然後我可以幫你辦婚禮，只要你能百分之百跟我合作，幸福就像吃蛋糕那麼容易。

只要一個女人來到我這邊，不管原來有多醜，我都可以讓她變漂亮，而且我從來沒有失敗過。不管是男人婆，還是雙性戀、同性戀，什麼狗屁問題通通都有辦法解決。到目前為止，我還沒有碰過一個女人沒辦法改進的。但能夠持續多久、改變多少，就要看個人的努力了。

如果你很吹毛求疵，要以模特兒的標準來檢視，那當然都不算漂亮。但是，要是你仔細觀察，每一個女人在經過修飾之後，都可以變得很美麗。標準是什麼？就是每一個都嫁得出去，成為美麗的新娘，而且他們的老公都很滿意，這就是別人沒有辦法否定的地方。只要女人嫁得出去，就是她能夠美麗的最大價值。

你說有某個女人長得很美麗，美若天仙，沉魚落雁，但都嫁不掉，最後就只好任人摧殘，哪有可能會有多美？被摧殘過的哪會漂亮？不健康就不會美麗嘛。

女人要的是一個好老公，男人也一樣，要的是一個好老婆，有幫夫運，相夫教子，一起攜手建立一個幸福的家庭。不管男人或女人，對於婚姻的要求都一模一樣。但是，妳選到對的男人，兩個人的目標才會一樣，選錯的男人就不是這樣。

當妳說：「我要的是結婚。」妳就會找到一個人，他要的也是這個，這樣就可以結婚。可是，當妳並不是很誠實地想要結婚，就算嘴上講結婚也是假的，就一定嫁不出去。一切都以結果來看，這就是事實。

當一個人真的決定要結婚的時候，一定就可以嫁出去了。可是，有很多人只是知道應該要結婚，心裡卻還沒有想要結婚。比方說，女孩子講出來的話是想結婚，但心裡頭還想要再玩幾年。男人從她說出來的話，以為她想要結婚了，當他求婚的時候，女孩偏偏就不願意嫁。

為什麼會嫁不出去？因為她並不是真的想要結婚。

想結婚的男人，和這樣的女孩子在一起是不會有結果的。並不是因為她不愛你，而是她沒有往結婚的目標前進的意思，她沒有這個夢想。不想結婚的女孩子不必追，就算她長得再漂亮，身家條件有多好，你想追？不可能有好結果的。她可能跟你上床，可能跟你看電影，可能跟你吃飯，她可能很愛你，也很喜歡當你的女朋友，但絕對不會點頭嫁給你。

她絕對不會跟你說：「好，我們結婚吧。」

為什麼會有那種愛情長跑好幾年，最後卻不了了之的例子？因為一定有人是不想結婚的。你去摘那個還沒成熟的橘子，外型看起來或許很漂亮，但可以吃嗎？保證酸到讓你頭皮發麻。

大部分的男人在挑女人時，就是沒辦法看穿這一點。他不會看哪個成熟了，那個沒熟；那個可以吃，那個不能吃，就亂吃一通，最後當然就會拉肚子。

像我作媒很有經驗的一看就知道，挑對象就像挑果子一樣，要挑就要挑成熟的才能吃，你沒事去摘一個外型漂亮的水果要幹嘛？擺在桌上當紀念嗎？如果成熟了，隨便摘是不是都一樣？也許有些比較酸一點，有一些比較甜，那又怎樣？一樣都能吃。要是摘到沒熟的水果，連切都切不下去，是要怎麼吃？再好看都沒有用。

厲害的男人都找賢內助，因為他的生活不是要競選，不是要帶老婆到處招搖，好看要幹嘛？他的老婆一定是很能幹的。所以，很多成功的男人，老婆並不是很漂亮，但是男人卻很愛她，因為老婆把家裡打理的很好，讓他在事業上沒有後顧之憂。

尋情者答客問

Q：如果有個人對我說：「我喜歡你，但我沒辦法跟你在一起。」這通常代表什麼？

說這種話的人並不愛你，也不夠有品格。這代表他想跟你發生關係，但不想跟你結婚。你只是他的性工具，但不會是他的終生伴侶。跟這種對象在一起不會有結果，就別跟他浪費時間了。如果你只是寂寞，或是你也喜歡他，抱著「反正我還年輕，無所謂！」的心態，就會受不了誘惑。

人生不應該這樣。如果他不跟你結婚，要當機立斷馬上結束，這樣的遊戲不必再繼續。你跟這樣的人交往要幹什麼？嫌自己青春太多嗎？還是你跟對方心態一樣，只是想玩玩？不管理由是什麼，只要你跳下去了，就會是人生的弱點。

你一定要以結婚為前提。女孩子不必去照顧別人的老公，男生不必去照顧別人的老婆，把話講明白，才不會浪費彼此的時間。

搶地哲學

外表再漂亮，都只是虛華。表面上，你看到一個人有多麼地風光，骨子裡卻不見得是你想像的那麼美好。或許你現在年輕貌美、青春無敵，但請務必記得，現在你勉強比人出色的本錢，也不過是因為年輕罷了。

總有一天你會老，老了還能多漂亮？外貌真的那麼重要？沒有。你以為自己的外表很上相，就用這個資源吃老本？現在已經不流行了。等到老了以後，那些原本佔盡優勢的條件會漸漸消失，但欠缺的劣勢卻會不斷凸顯。

你認為自己的外在條件有多好？其實並沒有多好。至於內在又多好？也沒有，只是你自己覺得很得意，可是在外人看來，尤其是高水準的內行人眼裡，還差很遠！所以，也不必覺得自己有什麼好得意的。

或許你現在條件很好，但是能維持多久？過個幾年就沒有了。不過，那些身邊想要追求你的人，條件只會越來越差，不會越來越好，這就是不結婚最可怕的地方——假設你現在結婚，願意嫁你的女孩子的條件會比明年嫁你的好一點，明年願意嫁你的，又比後年的人選更好一點。

一開始結婚的時候，是你自己願意的，那些對象也是你自己選的。可是，等到你年紀大了，後面能挑選的對象越來越有限，想嫁給你的女孩條件也會越來越低落，最後你只好越來越委屈，越來越無奈。

結婚這件事是有黃金時期的。這就好比上班一樣，千萬不要等人家下班了才去辦事，上班時間就要處理好，時間過了之後就沒有機會了。

只要過三十歲，所有在婚姻市場上的條件、品質都會快速下滑，二十九歲是最後一年，三十歲就開始拉警報了。你的條件不夠好，所以只能委屈自己。還沒結婚的人可以算一算，你還有幾年可以囂張呢？就算有本事囂張，處境還是很危險，因為將來離婚的可能性會提高很多。

我一再地強調「戀愛，是結婚以後的事」，對於結婚來說，重點是你要先搶到一個人，才有辦法創造愛情，不是要先有愛情才去談結婚的事！就好比要蓋房子之前先要有一塊地，至於這塊地長得怎樣並不太重要，重點是**找到一塊地，才能夠蓋房子。**

如果你只是一直在那邊幻想著房子長得怎樣啊，裡面要怎麼裝潢，一點都不實在——連地都沒有，房子要怎麼蓋？有了地，房子就隨便你蓋，設計要多有風格、裝潢要多麼典雅，各憑本事啊！有了地，還怕房子不好看？如果房子不好看，那就是你的問題！這就是「搶地哲學」。

至於怎麼去搶，為什麼會搶輸，要怎樣才能搶贏，要用什麼招式去搶，怎樣標到這個案子……這才能夠顯露出你的才華！要是拿不到這個案子，誰會知道你有什麼本事？是不是先搶到案子之後，再去想要怎麼執行？至少要把案子給先標到。

很多人都對案子有很多很棒的想法，但是連案子都標不到，又能搞出什麼名堂呢？你一直在想婚禮要穿什麼衣服，要跟另一半去法國度蜜月，要生三個小孩……會不會扯太遠了啊？簡直是在作白日夢啊！

古人有云：先成家，後立業。但是現代人往往是先立業再成家，認為結婚應該要有經濟基礎，這都是被錯誤教育的觀念。有經濟基礎的人就不會離婚了嗎？沒有經濟基礎的人就沒資格結婚了嗎？那些都不是正確的。

道理很簡單。一個人能夠活，兩個人也就能夠活！不要去找什麼理由讓自己不結婚，最重要的是趕快生小孩。當然，你有了孩子之後，也不能兩腳一蹬，什麼都不管。你一定要拼命努力，或許兩份薪水才夠生活，你要工作，他也要工作，這樣才是對生活負責任。

結婚之後會增加責任感，尤其是生了小孩之後，就更有意願去做事情。沒結婚的人就無所謂，反正有人養，家裡有地方睡覺，過得很舒服啊。結了婚從家裡搬出來以後，你就要想房租要多少錢，生活開銷要多少，要自己當家了！有了自己的家、自己的房子，要去打理、賺錢或許比較辛苦，但也比較有趣，比較有建設性。

以前，我的志向只是想要談情說愛，並沒有心思要去賺錢。等到我要負起賺錢的責任時，那種感覺簡直痛徹心扉，有點像是舞蹈老師要你練劈腿，不管怎麼劈就是劈不下去，老師這些要求就像要逼你去死一樣。

我相信許多讀者比我聰明太多了，教育水準也比我高，所以結婚不是聰明不聰明的問題，而是意願的問題，這樣的決定才會逼你進步。你結了婚之後就會逼你往前進，生個小孩也會逼你前進，為了生存下來，你就會變成三頭六臂。

結婚，就是要讓你走出一條路，而且是一條很長、兩人一起走的路。妳不要一直想著老公怎麼樣，很糟糕，個性跟我根本不合……就算再合的夫妻也會吵架！

不要太在意男孩子很笨拙。年輕的男孩子，沒有一個真的很厲害，如果他真的表現得很厲害，反而會讓人覺得很可怕，心想這傢伙是幹嘛的？要去參選美國總統嗎？如果他真的是那種人，就會找到同樣匹配的女人。

所以，不要一直去想說那個人的條件不好，你要想的是：十年、二十年之後，那個人有沒有足夠的潛能跟妳走這一條路，這才是重點。

當我在看一個人的時候，從來都不是看他的外表，或是薪水怎樣，我看的是他的潛能，看他的目標是不是跟我同一個方向：願意進步成長。

你要想一下自己的方向。告訴我，十年、二十年後的你，會希望過怎樣的生活？

這是很實在、很基本的人生秘密。你要先搶一塊地過來，將來要構築的那些夢想，才有機會實現。如果那塊地名目不詳，或是地質不佳，就算弄來以後，不管蓋了多漂亮的房子也會倒塌。

找到這塊地之後，整天幻想那塊地的房子有多漂亮，可是並沒有想要親身參與，而是想要不勞而獲。看著另一個人去蓋房子，你就坐在一邊納涼，這很奇怪吧？因為蓋房子的過程中，你也應該參與那些滿天塵沙、渾身泥土的過程。可是你只想要得到，卻不想付出，最後一定會遭天懲的。

你憑什麼得到漂亮的房子呢？講難聽一點，你不配。好比有些女孩子只是一心想嫁入豪門，過著舒服的少奶奶生活，那自己相對的條件呢？豪門對嫁進來的媳婦也是有所要求的。要嘛妳很乖，可以隨人擺佈；要嘛妳可以妝的很漂亮，或是可以一天到晚去交際應酬，陪老公談生意之類的；對方娶你，也有他要的條件，妳也要付出代價。

妳一直想要得到一棟很漂亮的房子，這樣的心態很奇怪。妳應該要自己去蓋一棟漂亮的房子，這才是重點啊。如果你想的一直都是要人家給你，一定不會快樂的。最後就算妳都得到了，也不會開心。快樂的條件是因為妳付出，不是因為得到，這就是一個很大的迷思。

如果是男人，就應該去創造自己美麗的老婆，而不是一直想著要有一個很漂亮的老婆。如果心態不對，就算娶到一個很漂亮的老婆，最後也會變得不漂亮——每天罵老婆，老婆臉色就會變得很難看。一個女孩子漂不漂亮不是很重要，要相處之後你覺得很開心，她就會變得很漂亮。老公的愛，是女人美麗的要素之一。

尋情歷險者：MASO

我本來想在三十二歲結婚，這是我的人生規劃。但當我遇到陳顧問的時候，她問我：「你有女朋友嗎？」

我說：「有啊。」

「你愛不愛她？」

「愛啊。」

「你要不要娶她？」

「要啊。」

「那你為什麼不現在娶，一定要等到三十二歲呢？」

忽然我愣了一下，其實我也不知道為什麼一定要等到三十二歲才娶她。我只知道這是一個既定的規劃，分幾年把它完成。但陳顧問告訴我說，不必管那些事情，叫我今年就馬上結婚。我聽了當然心臟砰砰跳，非常緊張。

我一直以為我老婆跟我有一樣的想法，也想等到三十幾歲再談結婚的事，所以我就問她的意見，沒想到她竟然說沒這回事，如果要結婚，她現在就可以嫁給我。後來我想了一下，既然現在人家已經說要嫁，我再不娶就變成是我的問題，所以就決定結婚了。

當我結婚之後，完全沒有後悔過這個決定，反而會對當初為什麼要到三十二歲才結婚的想法感到匪夷所思。現在我已經結婚七年了，我還是很開心當時陳顧問給我的臨門一腳，讓我馬上結婚的決定。結婚是一種衝動，但每次回憶起來，這會是這輩子最美麗的一次衝動。

第6章

跪的藝術

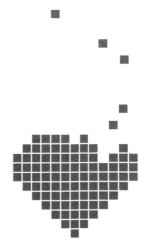

還沒結婚的人，無法了解的事情

婚前在看的那些事情，很不實際。你跟另一個人很相愛，彷彿天雷勾動地火；但在結婚後呢？你要擔心的是柴米油鹽醬醋茶的事、公公婆婆的問題、懷孕的問題，甚至是要養第二胎的問題。這些問題，往往不是未婚的人所能夠想像的，只有當事人才知道是什麼感覺。

或許，你跟另一半的愛情還是存在，可是，生活裡還有其他的事情要解決。有的夫妻在磨合的過程中把愛情磨完了，他們可能有小孩，或許婆媳之間問題不大，可是夫妻兩個不相好。這些問題到底有多痛苦？還沒結婚的人，沒辦法瞭解這些事情。

如果我跟還沒結婚的人說這些柴米油鹽醬醋茶的事，他會說：「沒關係，我們兩個會好好合作，我會努力賺錢，好好工作，我會好好跟另一半溝通，一定會撐過去的。」很多還沒結婚的人都會這樣講，完全看不見問題。

我有一個作媒的個案。女孩子一直很跩，男孩子的脾氣也很強，結完婚後，吵到不可開交。我把他們一起找過來，告訴他們說：「你們既然這麼不合，這個禮拜就離婚吧！」這是最直接、最有效的方法——把兩人關起來，問看看到底要不要在一起。如果對方真的這麼討人厭，那就談離婚吧。若是兩個人有了小孩，看你敢不敢切一半，一人拿一半回去，就像分財產一樣。

你可以仔細想想，到底要不要離婚？只有結了婚之後，你才能領悟什麼是無條件的付出。要是你不能體悟到這一點，婚姻一定會出問題，很難受、很不快樂，找不到出路，最後就只好選擇離婚。那麼，下一次結婚，你會不會領悟？一定不會的！不願意付出的人，是一定不會領悟的，不管再離幾次婚都是一樣。

至於哪一天婚姻才會變好？直到願意跪下去，願意改變、願意付出的那一天，才有機會。

婚姻要幸福，百分之百是你自己決定的。當你有了結婚的「意願」，表示你願意進步成長。所有願意結婚的人，都願意無怨無悔地為對方付出，心甘情願地跪下去。不願意跪下去的人，永遠都不會成功的。那些「敗性」堅強的敗犬，不管男的也好、女的也好，都是不願意跪的。不跪的話，就只有選擇「離」，就算離了，下一次還是不願意跪，只好再離。再下一次呢？不跪就再離。結十次婚，一定離十次。

有些人要結婚很容易，穿上禮服就可以結成婚了。但結了婚以後開始擺爛，另一半大概可以忍耐個一年到三年，然後就離婚了。可是，年紀愈來愈老，問題就出來了：保養得耗費很多的資源，身體也變得比較不健康，條件變得越來越糟糕，當然就沒有什麼好機會。

要結婚，人家還是希望挑年輕的對象，要的就是「青春的肉體」。如果在年齡上沒有競爭力，人生就已經輸掉了，就必須領悟自己非跪不可。只要你不願意跪，一定會走上離婚的命運，就算不離婚，另一半也是擺爛的；要嘛就是搞小三（第三者），要嘛就是同床異夢，有名無實。

沒離婚，並不代表對方還愛你。我們可以看到很多貌合神離的夫妻就是這種相處模式，表面上是沒離婚，但實際上已經形同陌路，連葬禮他都不想來參加。

當然，沒離婚畢竟還是好過真的離了婚，除非有特殊的情況，例如家暴、賭博、吸毒或犯罪的事情，但在一般的情況下，只要沒離婚，至少都還有解決問題的機會；一旦離了婚，關係就徹底撕裂了。

離婚這種事情不應該超過三次。到第二次就應該學乖，就應該要能夠成功經營婚姻；若再不行，第三次也差不多了。但是，也有些人經歷過這麼多次婚姻還是跪不下去，永遠沒辦法學乖。打死不願跪的人，還在說自己要找什麼條件的對象，怎樣的人才會帶給自己幸福……沒有用啊！因為下次能夠再找的人只會愈來愈少，就算找到了，又一次結婚了，在一起並不快樂啊！因為還是跪不下去。不過，一般人在選對象的時候只會說：「我要看起來漂亮的，順眼的。」都不會去注意哪個人比較願意付出，也不會想著自己一定要付出。

普遍來說，年紀輕的朋友，不太明白時間有什麼意義。年紀比較大的人，通常會比較珍惜感情、健康、養生之道等等。年輕人比較少有危機意識，不會注意健康有什麼重要，他只知道自己很有活力，熬夜三天也不會死，可以任意揮霍。

有許多娶不到、嫁不出去的人，因為年輕時太跩——或許這些人並不這麼認為，以為自己很隨和；但只要提供十個結婚對象給他們參考，幾乎十個都被打槍回來，很難把這些人給「銷」出去。除了跩之外，這些人也不了解自己，對於結婚這件事情也沒有很努力。他把這件事當成不痛不癢的小事，不是真的很在意，所以一年又拖過一年，時間就這麼過去了。

大部分感情不幸福的人，總是覺得對方哪裡不好、哪裡不夠，卻從來沒有要求自己成為對方心目中百分之百的公主或王子。若是對方有了第三者，簡直是一點辦法都沒有——別以為離婚是最好的解決辦法。當你的問題還是存在，就算離了婚、跟另一個人在一起，還是會遇到同樣的問題。

婚姻要幸福的答案，就是一定要跪到底，一定要付出，不去計較。你不跪，婚姻就是沒有辦法真正變好。

「跪」得下去，才會快樂

這裡的「跪」，並不是叫你彎起膝蓋跪下去。跪的意思是，兩個人一定要能夠雙向溝通，如果所有的事情都只是單向思考，就不能夠成功。

夫妻兩個人是一體的。如果你的思維是以一個人為出發點，對另一個人的世界沒有辦法接受，或是沒辦法把自己的想法傳遞給對方理解，甚至根本傳不出去，兩個人在一起當然不會平衡。

譬如玩翹翹板，現在我要起來，等一下就要換你起來，那個動作是互相的。要是你都不願意彈起來，坐在對面的人就只好一直掛在上面，當然就沒得玩了。

所謂的跪不下去，意思就是當你應該跟人互動的時候，你卻不願意做出任何回應。以打籃球來說，別人傳球給你，你就要把球接起來投籃，或是把球傳給有機會得分的人。可是你都不願意接，或是不願意傳，那球要怎麼打？意思就是說，跟你在一起沒得玩，你並沒有付出你應該付的責任。

婚姻當中，一定要兩個人都願意跪，才會有未來。若有其中一個人不願意跪，婚姻出問題就沒得救，無法變好。

男人跟女人在一起，兩個人都有條必須付的責任。你有一半的責任，他也有一半的責任，而且不是只扛起自己的部分，而是一個人願意負起200%的責任，這就是互動。好比我講完話，應該換你講；你講完話，就換我講。不一定要百分之百地平均，但必須讓默契達到最佳效率，目的就是為了讓兩邊都很痛快。

「我不要講！我只要聽就好了。」這就是不跪的意思。

你跟別人在一起相處，一定有必須付出的事情。在公司做事，老闆做他應該做的事，你做你應該做的事。要是今天有人說：「我就是不想做這些。」那這個人就差不多該捲舖蓋走路了。

你開車上路，就得遵守交通規則，這就是一個駕駛必須負的責任。如果你橫衝直撞，油門拼命踩，交通規則一律不管，一定會出車禍。

這裡講的「跪」，不是要把自己搞得很低賤卑微，或是要違背自己的意願去服侍別人，或是降低標準去屈就你不想做的事。跪，是你要負起應該負的責任，兩個人才能在一起做事。不管是玩遊戲也好，一起工作也好，身為一個組員，都應該要負起責任。若其中有一人沒有跟組員互動的意願，或是願意負責的水準條件不夠，團隊就會出狀況。

就像警察兩人一組執勤，一個在前面作戰，一個在後面掩護。如果他掩護你，你卻不往前衝，那任務要怎麼執行？今天換你做掩護，但每次都失誤，讓夥伴受傷，你掩護不了打前鋒的夥伴，同隊的組員一定會陣亡。

不願意跪的人，就是只做他要做的，只接受他想接受的，只願意付出他願意付出的。他不願意跟你互動，高興講才講幾句話，不高興就什麼都不願意講，非常沒有禮貌，固執又不講理，那麼互動就會出問題。

既然是互動，就一定是有來有往。譬如我跟你是夫妻，我幾點回來一定要打電話跟你講。要是我不跟你講，高興回來就回來，不高興就不回來，這種互動很奇怪吧？那另一半能怎麼辦？沒辦法，因為他過的是一個人的生活，沒有兩人一體的觀念。

結了婚之後，應該是兩個人一起去睡覺，兩個人一起講話，有事情兩個人一起做，你應該要跟另一半說：我出差什麼時候回來、我什麼時候要做什麼事，兩個人之間都有各人要負的責任，也要互相幫忙。不過呢，活在一人世界的人不是這樣子想的。他絕對不會幫你，他全部的思考邏輯都是以個人為中心。這種人就是標準的敗犬。

很多女人跟我抱怨說：「我丈夫就是要打電動，我該怎麼辦？他回來都不跟我講話。每次我對他說話，他愛講就講，不講就在那邊當低頭族。」

如果兩個人一起看電視，那是可以接受的。但如果老婆在家，老公不應該只顧著打電動。如果你都不理我，你一直看電視，這是哪門子的互動？

但是，敗犬就是會這麼說：「你管我？我高興就看，等我看完了，心情好再跟你講話。」

「你在，關我屁事？我才不理你。反正我看的是電視，不是你啊！」

男人一直看電視或是一直打電動，女人會覺得到底怎麼搞的？相反的，男人想要跟女人玩，要跟妳一起做事，女人就說：「我不愛跟你講話啊，我比較喜歡睡覺。」

「我一定要玩到半夜才回來，這是我解放靈魂的時間。」但丈夫很累，想要睡覺了，老婆還在外頭鬼混，這就會是一個很嚴重的問題。不過，沒結婚的人都不想這個問題。他們會說：「他長得漂不漂亮？」卻一點都不在意會不會跟你同時間上床。

我跟我丈夫結婚二十幾年，只要我們都在家裡，從來沒有各自上床的，這是夫妻相處的一個秘密。當我們爸媽在我們家裡住的時候，我們一起看電視，我先生跟我說：「我想要去睡覺。」我就跟我先生說：「那我們去睡覺。」先生就牽著我的手，一起去跟爸媽說：「我們兩個要去睡覺了。」我爸媽說：「晚安。」然後，我們兩個就去睡覺。

我從來都不會自己跑去睡覺。我先生也不會說：「我要睡覺了。你還要跟你爸媽聊天，那你就留在這邊，我先去睡覺了。」不會，他一定會等我。他若真的想去睡覺，會跟我講：「我要去睡覺了。」那麼，他的意思就是要我跟他一起上床去睡覺，然後他就會牽著我去問候爸媽，「爸爸媽媽，我們要先去睡覺了，晚安囉。」然後，他就牽著我一起進房間去。

我跟我爸提及此事，我跟我先生在一起的動作都是一致的。我爸說：「非常非常幸福。應該的。」一直到現在，我先生還是一定會等我，兩個人一定牽手進臥房。除非有特殊的狀況，就會事先說好，兩個人互相配合；否則平常我們兩個一定同進退。

如果你想睡就自己去睡，我要睡的時候我再去睡，那乾脆分床就好了，何必要成為夫妻？有些夫妻需要上早、晚班，那則是另當別論；但是當夫妻在一起的時候，你們的行動要一起啊。

為什麼現在很多人不結婚？因為他不願意為你改變，他很自我，高興睡就睡，高興起床就起床，別人最好不要來煩他。這樣的人會問為什麼要跪，為什麼要一起睡覺？你睡你的，我睡我的，不是還一樣？

「我就喜歡一點半睡，你明天早上有事，可以九點就去睡啊！」

就算你不會離婚，兩個人的感情也不會很好，因為沒有那種合而為一、水乳交融的感覺。

你說：「幹嘛合而為一啊？不踢他就不錯了！」

這表示你的標準跟我不一樣，所以我很難告訴你怎樣感情才會甜蜜，你的愛情甜蜜不起來，理由就是這麼簡單，你的感情境界就不會到這。

如果今天有人這麼說：「我為什麼要這樣？我高興睡覺就睡覺，我高興回家就回家，你幹嘛黏著我？煩死了。」那麼，為什麼要跟這種人結婚呢？他並沒有要跟你好的意思，跟這種人在一起沒有什麼甜蜜的感覺。

所以，當有人說：「為什麼要跪才會幸福？」我這樣做很幸福的地方，他可能活了三輩子都體會不到。你不一定要跟我一樣，我要跟你強調的是那種「一體」的感覺。我們生活在一起，不管是事業、人生、進步成長的步調，那些東西我們都結合在一起。你跟另一半不在一起的話，當然不幸福啊。不在一起就等於是離婚了，就算沒有離婚，實際上也等於是分開了，因為沒有在一起的甜蜜感情，兩個人也沒有共同的步伐。

Lead and follow

有句老話說：「嫁雞隨雞，嫁狗隨狗」。老婆所有的工作，就是為了討老公歡心，就是為了要幫助他更開心快樂。我老公從來不必去店裡買東西，因為一切我都幫他打理好。他的刮鬍刀，牙膏、牙刷，每天要穿的西裝，鞋子、襪子配哪一雙，我都幫他弄到好。我就做老公要我做的事情，洗衣服、拖地板、幫他寄信等等，他叫我去哪兒就去哪，他叫我幹嘛就幹嘛，而且我什麼都能做得很好。

最後，他需要我幫忙的就是去當顧問。當他分身乏術的時候，說：「唉，這次同一個時間裡有兩個客戶要搞定。這樣吧，你去搞定一個，我去搞定另一個。」

「我?我又不會啊!我是家庭主婦。」

「你去啊,叫你去你就趕快去。」

「喔……」

「趕快去,快!」

老公叫我去,我就去了,所以今天我就變成了顧問。所有對他有幫助的事情,我百分之百支持他。如果老公今天是律師,我一定也會變成律師。如果他是建築師,我可能也變成建築師。老公如果是賣菜的,我就變成賣菜的。為了成全他,我百分之百的配合他。這就是嫁雞隨雞,嫁狗隨夠,這就叫跪。

我把家裡弄到好,不是照我的意思,而是照他的意思。可是,如果他沒意見的時候,就是照我的意思。在家裡我是屈居第二,絕對不會是第一,因為他是王,我是后。所以,如果他說這個東西不要這樣擺,好,那就照他的意思換位置。

如果你堅持你的,他堅持他的,就會有人外遇了,有人不開心,就走掉了。

他不會對你笑，也一定不會愛你，不會把他所有的東西給你，更不會跟你在一起。

有些人會說：「為什麼是我一直跪？跪個屁！」

反過來看，我這樣子做得到了什麼？我得到一個男人對我全心全意的愛。我的男人願意跟我簽下億萬年的愛情合約，我永遠不必擔心他不愛我，不必擔心他要離婚，也不必擔心他會外遇，我永遠相信他所有的一切都會給我。我們之間很相愛，所有的觀念、溝通都是結合在一起的，那種感覺很美。

要是你天天被對方威脅要外遇，要嘛就是他不愛你，或是你們不在一起，然後他處處都跟你斤斤計較，你就只好把財產分一半，要付的錢各自出，你付水電費，我付伙食費之類的，這又是另外一種感覺了。

所以，為什麼你要先跪？因為跪了之後，你會發現對方也會跪下來，他也會對你好，不是你永遠都這樣跪著，兩個人一定會平衡，就像天秤一樣是互相的，這才叫做婚姻，這才叫做愛情；而不是我愛怎麼樣就怎樣，然後你只能配合我，一直跟對方爭吵我愛怎樣、我不能配合你，天天都在吵架。

磨合期一開始就在磨這個。當真正在磨合的時候，你該想的不是誰對誰錯的問題，而是兩個人該怎樣合作才不會翻船，才可以把這條船開好。你應該了解若是翻了船，對誰都沒好處，爭一時的對錯又如何？

我跟我先生到現在，已經很久沒有吵架了，想要吵也沒辦法吵，感情好的不得了。我常常跟他說：「你怎麼想的跟我一樣？」

我先生說：「當然一樣啊，我們是同一個人啊（We are one.）。」

We are one，表示我們是一起的，等於你是我的另一半，我們在一起才是完整，我們想的、做的都一樣，非常的契合。磨合過的夫妻，就像那種配合得很好的雙人舞，他跳起來，舞伴就跟著跳起來，他彎下去，另一個就跟著彎下去；兩個人合作無間。

在跳舞的時候，你說：「喂，你要往這邊走！」對方卻都沒反應，然後你推他，他也都不動，兩個人都杵在那邊，看起來像在打架而不像在跳舞，那個感覺就是還沒有磨合的夫妻。

很多夫妻的相處模式，看起來像在打架或摔跤，兩個人是對著互幹的，而不是合而為一的。當你要結婚的時候，你要想著自己是跳雙人舞呢，還是要打架？跳舞跟打架的差別，是決定在個性、觀念與思想，看你願不願意跪。

中文講「跪」，用英文來講就是follow，lead and follow。跳舞一定不能兩個人都一起帶，就算兩個女人一起跳，也要先講好是你帶我呢，還是我帶你？一定要有一個人帶才能跳。要是我帶你跳，我拉你時你就要前進，舞才有辦法跳下去。

你想想看，一個男人帶一個女人跳舞，他的女人一直都有意見，你把她抱住，她卻像個瘋子一樣亂跳。男人一走，她就說：「這一步不好啦，走那邊。」這要怎麼跳？根本沒辦法跳。

不管是跳簡單的步伐，還是跳難的步伐，100%一定是男人決定的，女人要跟上，舞姿才會好看。要是舞伴一直意見不合，兩個人看起來就像在相撲，最後一定會翻船。

至於男人的工作，就是要能領導（lead）。你要決定要走哪個方向，女人就會聽話。要是你自己不知道，就會說：「要走哪裡啊？現在該怎麼跳？前進好嗎？後退好嗎？」就好像開車左轉還是右轉都搞不清楚，後面的車當然會叭叭叭個不停，因為你沒辦法下決定嘛。

男人如果不會帶，女人當然也會生氣。你到底是要跳還是不跳？你跳簡單的步伐也沒關係，反正你只要走，她就跟著走，不是一定要跳得很複雜，可是另一半得要會跟，這個舞才會協調。

這些比喻讓你知道夫妻之間的職務是什麼。男人也要學，但要學不一樣的，女人是follow，男人是lead，要能夠領導，要有本事賺錢養家。如果男人不領導的話，老婆就覺得沒趣。跳舞的時候就曉得，你看那些笨男人，到底是走還是不走？在那邊等等等，不知道該怎麼走，那個感覺就很不舒服。

跳舞跟結婚的觀念是一樣的。要是你把跳舞搞成在打架，就沒辦法跟另一個人同進退。男人在婚姻裡是扮演領導（lead）的角色，女人是跟隨（follow），這是千古不變的道理。男人就一家之主，現在社會有很多女人也要搶著當一家之主，當然就吵架了。

當然，也不見得一定是女人配合男人。如果妳是女人，有兩條路可以選：要嘛，妳就賺的比先生多，他就不會這麼囉唆，甚至還很高興被妳養。現在有些男人是這樣的。就算女主外、男主內也無所謂，男人當奶爸，女人出去拼經濟也不是什麼問題，只要兩邊先講好就行，總之不該打鬧吵架。

另一條，就是妳先跪下去，支持老公到底。如果妳要他賺，又要他跪，又不陪他睡覺，這就很奇怪啊。他一定會認為：「我幹嘛啊？我怎麼那麼賤？」這擺明妳就是霸道。妳的工作是家庭主婦，應該要打理好家庭，帶小孩，也要照顧老公，這是身為老婆的職責。

當老婆不負責的時候，家裡就開始打架了。我雖然現在有工作，但當我跟老公配合的時候，我做的每件事情都要老公先批准，我才會去做。我不是很野蠻的說：「我就是要回台灣開公司，哼！怎樣？我就是要這樣！」沒有這樣子的。

我連穿的衣服，都會問過我老公。他不喜歡的衣服，我不會穿在身上。今天若是他說不喜歡我穿這件衣服，我就拿去送人了，再也不會看到一次。我非常清楚他喜歡什麼，所以在買衣服的時候，也會挑他喜歡的款式。這個是我身為女人的一個美德。那麼，妳做為一個女人呢？

「你不喜歡？你審美觀有毛病。」

「你自己看著辦！我就是喜歡這樣。」

「不喜歡你就不要看！我只穿我愛穿的。」

態度很野蠻。年輕一代女人會不會像我這樣，我不曉得，但是，這就是我的標準。雖然表面上我好像看起來很像個女強人，我絕不穿我老公不喜歡的衣服，也不做老公不喜歡我做的任何一件事。我所做的每一件事情，都會先經過我老公的同意。如果我要晚歸，也一定是經過老公同意。不是像有些老婆出門，老公根本不知道老婆跑去哪裡，幾點要回來，管都管不著，這就是所謂的「不跪」。

跪不下去的婚姻，一定開心不起來——家裡有個不快樂的老公，試問：妳又如何做一個快樂的妻子？

尋情者答客問

Q：如果對方一直要依賴我才能解決問題，該怎麼辦？

你要讓對方明白這是兩個人的事情，然後重新去定下標準。你們是生命共同體，如果你覺得被對方過分的依賴，你也可以找一些事情去依賴他，或是把一些工作指派給他，讓這種狀態恢復平衡。

他依賴你的事情，看看是什麼樣的狀況，給他幾次的機會，算是磨合期。不是完全不能讓對方依賴，不過你可以定一些規矩。比方說，你教他幾次之後，就讓他自己做，或是用其他的方式交換。

你要學會要求對方，這也是相處的一門學問。這種要求不是無理的、強硬的，而是要求他所做的事情是對你們兩個人都有幫助的。若是他不願意做，你就陪著他做；他不願意跑步，你就先陪著他一起走路，如果走十五分鐘不夠，你就陪他走三十分鐘，你要去設計這些生活的趣味，這就是夫妻之間相處的偉大之處。

第7章

確認檢查表

訂出你的檢查表

大家都認為談戀愛可以更清楚地認識對方，所以應該要先談戀愛再結婚。但是，為什麼了解對方之後，反而會造成分手的結果呢？我現在就告訴你這個問題的答案。

你能不能清楚地告訴我，十年後的你會變成什麼樣子？如果你不能知道這個問題的答案，你又如何能夠知道以後的他會變成什麼樣子？

這是一個迷思，也是一個陷阱。既然你都不能清楚地知道自己以後會變怎樣，為什麼你要浪費兩年的時間去了解一個人？就算知道了一些，也並不代表以後都會一樣──人是會一直變下去的。

你要做出最好的決策。你應該先訂出一個自己專屬的檢查表（check list），然後跳進去賭它個一回，非得這麼做不可！如果不跳進去，怎麼會知道以後會發生什麼事？什麼事都不會發生。然而，只要走進去，只要知道該怎麼應付，大部份的情況都會成功。

做生意也是一樣。有些時候客戶會爽約，有些時候會跳票，有些時候簽約的紙上會寫錯，甚至還被別人告，那又怎樣？如果有足夠的知識，你的事業會繼續下去，所以不必害怕。

你就找一個符合檢查表的對象，見對方大約三次就可以決定結婚了。如果是讓我作媒，速度就是這麼快。要是你不夠放心，我可以幫你檢視這個人的背景；但我必須提醒你，檢查結果通常跟我第一眼的判斷不會相差太多，要是你一直想要拿放大鏡去「檢驗」對方，時間拖久了，對你一點好處都沒有。

檢查表（check list）範例

列檢查表的方式其實很簡單，把你最在乎的條件寫下來就行了。這裡列出一個最常用的範例，供各位參考。

1.可以忍受的年齡差距

你要結婚的對象，比你大幾歲或比你小幾歲的範圍，是你可以接受的？但要寫清楚備註跟條件，不是只看數目或年紀。當中會有一些變數，比方說，如果對方的條件好，你可以放寬多少標準之類的調整。

2.要不要生小孩？

這件事在婚前一定要先有共識，婚後才不會一直在吵架，搞得彼此都很尷尬。

3.結婚之後住哪裡？

如果女孩子希望搬到南部，你是否願意？如果有一個人，所有的條件都符合你的希望，卻住在洛杉磯，你是否願意跟他結婚？這是關於你的生活方式及工作狀況等等細節。

4.是不是要跟父母同住？

這會造成許多的變數。比方說，跟男方媽媽住之後，是不是要幫媽媽煮飯洗衣服？女孩子就會考慮這些問題，尤其是一般的職業婦女通常不會願意。如果隨便答應對方，婚後往往會搞到進退兩難，自己要先想清楚並跟父母親溝通過，才不會衍生許多不必要的磨擦。

你要知道自己最在意的細節、最在乎的條件，如果對方做不到你就受不了的，一定要提出來。如果這張清單上沒寫清楚，一定找不到好對象。

千萬不要盲目去約會。你應該回家做作業，然後把這張單子交給我，我來幫你找到對象。不過，如果你的檢查表條件門檻很高，那我就得踏破鐵鞋，機會當然比較少。你得要廣結善緣，讓很多人認識你，而且還要帶著你的檢查表一一去問，看對方願不願意跟你在一起。

我還得提醒你一件事。當你希望對方能符合你的條件，而不是你自己去符合對方的條件，想找對象就會變得相當困難。尤其是當女人在挑男人的時候，妳的條件開得很嚴苛，忽然有個男人站出來說：「沒問題，我符合你這些所有的條件。」大約有百分之八十五的機率是他希望被女孩子養，那就得看妳願不願意接受這樣的婚姻。如果妳不希望和這樣的人在一起，就得要改變妳的要求，才不會跟這種人搭上。

年紀超過三十歲的人，談論婚嫁的條件最好直接一些，就像談生意一樣。談成了再來講愛情，不成就免談了，而不是一直去想著要對人家很好。你對人家好，但他沒有要跟你結婚，最後也只是幫別人照顧老婆，勞民傷財又浪費時間。

我奉勸各位，尤其是男孩子，千萬不要約會，因為你買不到女孩子的心。男人常會有一個迷思：以為自己對一個女人好，就可以買到她的心——大錯特錯！如果她不是你的人，不管你做了幾萬次討好對方的事，或許會跟你在一起兩年，但她不愛你就是不愛你。你應該快刀斬亂麻，強勢一點，直接問她要不要當你老婆。如果願意，整顆心交給她；不願意當你老婆，別沾她一點點的邊。

你能不能跟一個人在一起，大概在兩個月之內就會知道了。如果有一個人願意跟你一起談戀愛，但他不希望跟你結婚，值得嗎？就算他跟你結婚，但他還是不會愛你，這樣的婚姻又何必要發生？這件事情，從一開始就知道了。

先有籌碼，再開條件

會來參加《尋情歷險坊》的朋友，都是為了結婚，為了邁向人生的下一個階段才來的。同樣地，如果你在看這本書，我希望你也要為自己的人生下一個正確的決定，而不只是為了抱著好玩、看一看的心態。你要為你的人生真正的負責，要有真正的改變。

這並不容易相信，但你得要給自己一個改變的機會。在尋找對象的過程中，你腦袋裡那些這樣不好、那樣不好、我喜歡這樣、我不喜歡那樣的事情，我們稱之為「計算」——這些思考來自過去不好的經驗、他人的教育，不是你內心真正的想法，卻影響到你的決策與未來。

所以，你不要一直認為我現在的感覺就是這樣，我就是這種個性的人……用固執的思維來看事情，讓人覺得你是不會改變的。那些固執的堅持，看起來像銅牆鐵壁一樣牢不可破。可怕的是，那些都是假的。

今天你要去跟另一個人約會，腦袋都不清楚要怎麼約會？多約一個女孩子，有差嗎？

你去跟一個人約會，就要有跟對方求婚的打算。如果沒有跟對方求婚，只是不斷地約會、約會、約會……最後的結果是什麼？吃了這麼多的飯，看了這麼多的電影，花了很多的時間一直在約會，目的是什麼？

你要把你的檢查表拿出來，就像做功課、做工作一樣要有行程跟備忘錄，讓你檢測目標到底是什麼。你今天去參加約會，也一樣要把這些東西搞定，馬上檢驗。這就像上街買東西一樣，你得知道自己要買什麼東西，最好不要漫無目的隨便亂逛，不然去逛百貨公司周年慶，買了一堆自己不喜歡的東西回來，送人也不是，拿去退貨也很麻煩，花了很多原本不該花的錢，從頭到尾只有「莫名其妙」四個字可以形容。

如果你今天只有十六歲或十七歲，我非常贊成你這麼做。你應該在十三歲到十七歲的時候，天天吃喝玩樂，逛來逛去。但如果你已經超過十七歲了，除了讀書之外還要到處約會，整天搞來搞去要幹嘛？在這些過程當中，可能還會出現許多原本你不希望發生的事情，浪費財產、資源、時間、體力、精神，完全是虧本的事情。

今天你不結婚，只是跟人家談戀愛，充其量只是幫別人照顧老婆或老公罷了。值不值得？你喜歡幹這種事嗎？

一般人對於愛情的認知，是那種國中、高中或大學生在玩的遊戲，像是初戀、對誰有好感、求愛、兩個人的甜蜜世界，就像是《那些年，我們一起追的女孩》（註一）。但婚姻並不是這種遊戲，如果還在玩這種遊戲，你應該看看自己還剩下多少青春？現在的時間點，你應該幹什麼？你應該結婚，懷孕，養小孩，為生活打拼。

你要做的事情，不應該是檢查對方是否符合自己的條件。你應該去醫院檢查自己的身體還適不適合生育，去跟人談條件的時候，可以跟對方說：「我去檢查過，子宮還很健康，還能生小孩。」

把這個條件做為結婚的籌碼，聽起來很好笑，是吧？但當你年紀大了再去談結婚條件，願意娶妳的男人聽到你這麼有良心，他心裡會很高興，至少在他的檢查表上，這一點可以打勾過關了。

可是，一般的女人不會這麼想。妳會想：「我又不是神經病，幹嘛去跟一個陌生男人說我的子宮很健康？」

但妳得了解一件事，如果妳已經到了高齡產婦的年紀又還沒結婚，妳要找對象時，男人一定會考慮能不能生育的問題。有些女人在結婚時，對於男人提出要生小孩的條件非常不高興，認為把自己當成是工具——這本來就很正常！

「那，我們的愛情呢？」

我得告訴你一個事實。只要是一個正常的男人，都會希望老婆可以生小孩，他甚至不清楚自己到底有沒有能力可以養活小孩。我聽過有的男人這樣抱怨：「可惡！我老婆為什麼不想生？要不是沒有子宮，我早就自己生了！」

其實，只要你的條件真的不是很糟糕，要結婚並不是一件很困難的事。重點是，你必須改變你的心意，你要有結婚的決心。

我提醒各位兩件事情：來到《尋情歷險坊》，不管看上哪一個人，只需要跟對方說：「我想跟你結婚！」甚至連「我愛你」三個字都可以省了。你不需要知道你愛不愛他，但就是要有跟對方結婚的意願，這就夠了。

此外，你得先告訴對方：「我願意生小孩。」這句話尤其對男人特別有用，願意生小孩的女孩子會特別有價值。過了三十歲，特別是女孩子，子宮的健康指數只會逐年下降。今年不結婚，明年適合生育的程度一定不如今年，這是一定的。

曾經有個找我作媒的男人，因為信仰的關係一定得吃素，他希望要找吃素且有相同信仰的對象。我幫他估算過，符合條件的對象平均三年才會出現一次，只要錯過就得再等三年。如果找對象，只鎖定同樣信仰或是興趣相符的人在一起，就會給自己設下許多限制。你要突破的就是這種心理上的障礙。

人生如戲，很多事情不必那麼嚴謹。但進步成長是很殘酷的事情，大家都在比較，找工作是這樣，挑老婆、挑老公也是一樣，你沒有辦法不去正視這件事情。當別人都在進步，還停在原地不動的人就輸了，差距逐漸拉長，等到你想要追上的時候，就沒那麼容易了。

每個人都希望愛情可以「物超所值」。如果你是賣方，你開的價格很高，那當然就只能讓付得起高價位的人買。如果你是買方，你很挑剔，專挑好貨，那就得有本事付得起才行。

你希望老婆臉蛋漂亮，身材婀娜多姿，聰明、賢慧、有氣質又顧家……老實告訴你，條件這麼好的人沒這麼多！就算有，也是大家搶著爭，很快就沒了。條件好的被挑走了，剩下的當然就是越來越便宜的。

比方說，你想要買一件非常高檔的外套，一件叫價二十六萬，願意買的人當然不多。要是價格變成兩萬六，會買的人數馬上增加十倍。要是變成兩千六，人數就會增加為五十倍。若是同樣的貨色變成兩百六的話呢？絕對不用擔心賣不出去。同樣地，這也是在愛情的「市場」裡，你必須知道的條件。

你的眼光不要那麼高，就像衣服的定價定那麼高，貴到根本乏人問津，你也不必委屈自己賤賣到兩百六；不過你可以賣便宜些，用料也要讓客戶可以接受。

買東西看的是賣相，愛情的市場裡看的就是感覺。你的樣子看起來很開心，或是看起來很悲傷，那種感覺會決定你討不討人喜歡，哪種人會接近你。

一般來說，喜歡整天嘻嘻哈哈的人就會對上比較開朗的對象，喜歡悲情的人就會吸引悲情的對象。悲情的人看到你整天這麼開心，他不見得會喜歡上你，會覺得你太亮麗、太刺眼了。當他看到一個整天都發生倒楣事的，就會感覺同病相憐，好像還挺適合的。

當然，誰會喜歡誰，並不是一定的。但我要告訴各位的是：你喜不喜歡你自己？這才是重點。你覺不覺得自己給人家的感覺，是你自己很喜歡的？這個自己的分數，你該怎麼打？千萬不要你只有二十分，卻把自己打成八十五分，或是你明明有八十分，卻故意打成六十分，這樣都不對。你自己有幾分，就要知道自己的分數。最最重要的是：你得知道自己是什麼樣的人。

在愛情的世界裡，有一個很殘忍的狀況。

你說：「我很喜歡你。」

對方卻說：「我的格調有這麼差嗎？你別侮辱我了吧！」

這是不是很殘忍？

但最大的問題，往往是當事人都不這麼認為，感覺不到有什麼突兀的，這就是感情認知上最大的落差。好比一棟市價一千萬的房子，你卻開價四千萬，以為這間房子值這麼多錢，人們會覺得你根本是頭殼壞了。

在愛情裡，你必須知道自己有多少份量，有多少的籌碼，能夠做多少事情。

為什麼有這麼多人會錯估自己？因為他們都沒有在觀察別人，他只活在自己的世界裡，只想著自己可以選別人，沒想到別人也有挑選的權力，也完全不了解行情。

尋情者答客問

Q：如果求婚時，對方所給的答案是模稜兩可的，那怎麼辦？

這表示對方還沒有準備好要結婚，有不能面對的問題。但你只要繼續問別人，一定會碰到有決心要結婚的對象。當他願意跟你在一起，那個決心是可以維持一輩子的。這就好比讀大學時，你也不知道自己該填哪一個系。但當你決心要填這個志願的時候，只要一踏進去，你就可以讀到畢業，這是一樣的道理，這個決定很重要。

遇到模稜兩可的答案，你應該馬上換一個人，繼續問對方要不要結婚。我必須告訴你，這種模稜兩可的態度能會拖三年，甚至會持續一輩子，你不該讓自己的時間耗在對方的猶豫不決上頭。你可以想想，跟這種人交往會發生什麼事。他只是想跟你戀愛，甚至發生關係、墮胎，都不願意結婚。就算真的結了婚，他在許多關鍵時刻都會無法下決定，這種狀況除非他進步了、心態改變了，才會有機會扭轉過來，否則不會有好結果。

如果你是一個要結婚的人，你想要為人父母，要有天倫之樂，願意負責任，希望幸福美滿，千萬不要跟這樣的人在一起。如果對方不決定，就馬上換人。

大方向，小細節

當你在檢查表上開出條件之前，最重要的一件事情是：了解自己。

如果能了解自己，其他的問題就簡單多了。如果不了解自己，就像一台沒辦法對焦的照相機，要怎麼照相呢？

不過，一般人對於婚姻當中的「了解自己」，都是「我要的對象應該怎樣怎樣……」，這個方向是錯誤的。所謂的了解自己，是你明不明白自己到底為什麼要結婚？你有沒有本事跟對方維持良好的關係？你要的條件是什麼？

如果今天男方開了這樣的條件：「結婚後，一定要住在我家。」「我的老婆不能出去工作。」「對了，她還得要在家侍奉父母。」

開出了這樣的條件，可以選擇的機會是不是減少非常多？仔細檢視，會發現這些條件跟未來一點關係都沒有。五年、十年、二十年之後，你會變成一個怎樣的人？連你自己都不知道。這是很可怕的事情！

為什麼很多人在結了婚之後，才發現跟另一半格格不入？

為什麼有些人一開始說不想生小孩，等到結婚之後才想盡辦法一定要生？

為什麼很多人在一開始都說不想嫁，等到四十歲之後才來拜託我幫她嫁出去，對象只要是男人就好？

因為，他們並不了解自己會變成怎樣。

關於「了解自己」這件事，重點是：你要知道二十年後的自己會變怎樣。不過，對絕大部分的人來說，這根本就是天方夜譚！別說等到二十年後，就連現在的你，都無法了解現在的自己。

你必須知道自己要的是什麼，目標在什麼地方。好比你要去南部拜訪親戚，現在要往左轉或是往右轉並不是那麼重要，要搭高鐵還是搭飛機也不重要，要坐快車或慢車也不是很重要，最後能不能達到你要去的地方比較重要。

可是，一般人在婚姻上的想法卻完全相反。有的人會說：「我就是不能忍受他這麼胖！」

「他都不吃蔬菜，我就是不能接受跟偏食的人在一起。」

這就等於是拘泥現在一定要往左轉或右轉，有沒有遇到單行道，遇到單行道你就很生氣，但根本不在乎會不會開到目的地。

這也就是我常在說的：大方向，小細節。

大部分的人在挑對象時，開出來的條件都太拘泥在小細節上。最好不要吃齋的，不要短頭髮的，不要只有高中畢業的……這些根本都不重要！可是，一般人卻很在乎這些條件，找對象的方向完全錯誤，把重點聚焦在於自己所不能接受的、討厭的、不喜歡的東西。

不要太執著於你一定要怎樣的對象，或是你的對象一定不能怎樣；因為人會改變，你完全不知道未來會變成怎樣。挑對象的這些細節，跟真正的愛情沒有關係。如果你很在乎這些東西，挨不過這些所帶來的摩擦，一下子就鬧離婚了。

當你真正愛上一個人的時候，整個人會像水一樣，沒有任何的限制跟框架，你可以為愛情去做任何事情。但是，當你還沒真正愛上一個人的時候，你不會知道自己有什麼能耐，整個想法跟思維都被限制住了。你的限制很多，這個也不行，那個也不好，幾乎什麼都碰不得。

挑對象時，開出很多條件的人不適合戀愛。戀愛是結婚後的事，在婚前談戀愛，有百分之九十九的機率會心碎，你一定會挑對方的毛病，沒有辦法忍受對方小細節上的瑕疵，每天都給對方打分數。但是，當對方的身份是老公、老婆的時候，就不會再考慮那些雞毛蒜皮的事。

這就有趣了。衡量戀愛對象跟結婚對象的那把尺，標準竟然是不一樣的，戀愛對象的要求與條件跟婚後不相干，這豈不是一場騙局嗎？

照理說，你應該知道找對象的真正條件是什麼，應該學會發現什麼才是事實。但是你沒辦法學，不懂什麼是婚姻，也不了解自己，所以挑對象的那把尺，完全停留在幻想的階段。

以我作媒的一對夫妻為例。那位先生在決定結婚之前，對他的老婆非常有意見，可以用千百個不願意來形容。你問他有多麼不願意？這位先生說：「我給她零分。」這樣都可以娶，厲害吧！是我這個媒人的厲害。

但現在呢？老婆幫他生了一個胖兒子，全家高興到放鞭炮，先生只要一抱到兒子，眼淚都差點流下來。現在跟老婆繼續拼第二胎，生產報國，你問這位先生給老婆幾分？

「一百分。」零分變一百分，這不是奇蹟嗎？

如果不是我作媒，這位先生當時是不可能跟現在的老婆結婚的。如果是他自己選，不管怎麼挑，都不會挑到現在的老婆。因為我作媒，他才娶了這個女人，娶回去之後，公公婆婆都喜歡的不得了，岳父也滿意的不得了，一切都這麼完美。

他成功的理由很簡單。因為他聽我的建議，這是我的專業。

他在婚前十年當中，曾經和三個女孩子交往過。這些女孩們都是他自己挑選的，每一個在他的標準都是八十五分以上，而且都是以結婚為前提，沒想到最後還是以分手收場；這些戀愛到了最後，都只剩下悔恨與失落。

浪費掉的十年，至少可以讓他早生三個小孩。他要的是一個幸福的家庭生活，要有孩子，要有天倫之樂。但是，婚前交往過的這些「八十五分」的女孩子們，竟然沒有一個成功達陣；而這位原本被列為拒絕往來戶的「零分」老婆，卻幫他實現了天倫之樂的願望。為什麼？

因為我知道他要的人生是什麼。我比他更清楚，什麼樣的女人才適合他。

你要把你的人生預想的非常美好，你的格局要非常寬闊，不要自我貶低做不到。我在幫人顧問，尤其是經營生意的方面，如果只是增加百分之十五或二十的營業額，那不需要找我來；如果要跟我簽約，至少你的業績要成長兩倍或三倍以上，我才會幫你顧問。

既然要做，就要做出真正的改變；生意是如此，人生也是一樣！你現在找不到對象，沒有辦法結婚，是因為過去二三十幾年來，一定有某些錯誤的事情一直重蹈覆轍。你應該面對這個事實，要有大刀闊斧的精神，而不是在那邊怕東怕西。

今天來到尋情歷險坊的你，是想要結婚才會來到這裡。既然你要改變，就應該要有這樣的決心：過兩個月，我就要結婚！明年我就生個小孩！我要當個好爸爸！

註一：《那些年，我們一起追過的女孩》

《那些年，我們一起追的女孩》（You Are the Apple of My Eye）是一部 2011 年上映的愛情電影。此部根據臺灣作家九把刀撰寫的同名小說由作者改編並執導的自傳式電影。這部電影被獲選為 2011 年香港夏日國際電影節的開幕電影，並成為香港華語電影史上最賣座電影。2012 年，這部電影在第三十一屆香港電影金像獎中被獲選為最佳兩岸華語電影。男主角柯震東也因戲劇中角色，獲得第 48 屆金馬獎最佳新演員獎。

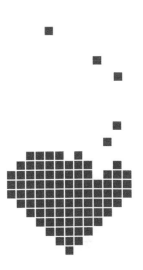

第8章

人皆可夫

和誰在一起，都幸福！

結婚的重點在哪裡？就是你要跟另一個人有下一代，然後要在一起一輩子，兩個人一起進步成長，兩個人的方向要一樣，要有成家立業的觀念，不斷的學習愛人與被愛。

可是，有很多想要結婚的人並不是這樣想的。他想的是：「我跟你合不合？」「我是不是很愛你？」「我跟你在一起會不會很開心？」「你是不是我要的那個人？」

他沒有想要跟你生小孩，也沒有想到要一起成家立業，不是一起共創未來，他想的事情跟結婚一點關係都沒有。

為什麼社會上有許多物質條件這麼優秀的人，在感情路上卻這麼悲慘？因為所有的福氣，都被硬生生地推開了。

你跟他說這個人很不錯，他回你一句話：「我不要。」

「為什麼不要？」

「這個我看不上，我覺得他不適合我。」

或許，表面上他會很謙和、很婉轉地推拖掉，但那些態度都是假的。基本上，他就是看不起對方，高傲到簡直不知天高地厚，太驕傲了。態度這樣跩的人，不會遇到任何好運的機會，現實的人生就是這麼殘忍。

如果妳的條件很好，想要嫁掉很簡單。妳只要找個男生說：「娶我吧！」當他說：「好！」一切就結束了。

問題是，一般人沒這個勇氣，只會猶豫：「我真的要這樣隨便嫁人嗎？」

「我跟這個男生在一起，真的走得過去嗎？」

其實，不是男生不要妳，而是妳自己走不過心裡的障礙，卡在「我這朵鮮花一定要插在牛糞上嗎？」

妳條件很好，覺得自己很優秀，在婚姻這條路上應該很有自信，可是不應該這麼高傲，不知道對方還有多少選擇。妳應該馬上結婚，婚期訂了，找個對象就結束了。有了另一半之後，遊戲的方向馬上就改變了，妳要想的是「接下來，我們應該做什麼？」

如果以拍電影做為例子，就是趕快敲定男主角、女主角人選，電影開拍了，你就得要開始想著該怎麼去工作，該怎麼去跟別人合作，這才是真實的人生。

你不可能一直停留在找誰當男主角、到底要不要簽約，想久了一定會出事——別人不會等你，世界仍會一直運轉下去。大部分的男女主角都沒有見過面，兩個人演的是情人，第一天見面就要拍吻戲，表現出你們很相愛的樣子，但這就是真實的人生。

如果你在那邊想說：「唉唷，這多尷尬啊！沒見過面就吻了喔？」

「第一次的初吻就這樣子送出去了喔……」

「我看你還有口臭咧，我才不要跟你接吻！」

那種態度就完蛋了。你不夠格當一個專業的演員，也沒有辦法接下任何的片約，也不是真的有辦法在工作上努力生產。

這是一個很簡單的比喻。你能做就做，叫你結婚就結婚，叫你生小孩就生小孩，夫妻就變得感情很好，變得事業順利，成了家、立了業，人生就開始了，然後就開始有了動人的故事。

什麼叫做動人的故事？

一開始結婚的時候，簡直就只能用「一無所有」來形容，甚至他也不愛妳，妳也不愛他。吵架吵了七年之後，妳發覺他變了，他開始在乎妳了，妳也覺得自己愛上他了。這樣子走過二十年，現在感情非常好，孩子也養得很好，經濟也如倒吃甘蔗般漸入佳境——這是一個白手起家的故事。

或許你常聽到一對情侶從熱戀到分手的故事，這和白手起家的故事結局有如天壤之別。不過，天底下有許多人寧願享受這種悲哀，他希望自己是悲劇的主角。他好不容易找到的對象，最後都是以分手收場，就算結了婚也分手，生了小孩還是離婚。他每天都在想「我的感覺」，讓自己沉浸在悲劇之中。

這兩種故事的結局，你喜歡哪個版本？你喜歡走到完的老夫老妻，還是喜歡一時的熱戀，三年之後決定離婚？這是你的選擇。

你要練就出「不管和誰在一起，都能幸福」的功力，而且隨時都要準備好可以決定結婚。但是，若你不願意結婚，就永遠找不到 Mr. Right 或 Miss Perfect，絕對不可能。只要你踏出這一步，勇敢地下定決心結了婚，或許一剛開始會覺得自己很委屈，好像隨便被糟蹋的感覺。可是，一旦過了十年之後，另一半很愛你，你們的感情變得越來越好，那個故事的結局才是重點。

或許，你現在心裡很喜歡某個人，過了三年之後，你就不再喜歡了；七年之後，你看到他的樣子就覺得後悔了。就算你真的和這個心上人結了婚，十年之後你就會想：「嗯，應該是離婚的時候了。」這個浪費掉的十年，該怎麼計算？年輕人通常算不到這一點。

如果今天看清這件事，你的人生就算值得了。

或許，你曾經擁有非常美好的戀愛經驗，我必須提醒你一件事：那些風花雪月的日子都只是一個陷阱。只談戀愛而不結婚，只會換來不好的經驗，只是一般人不能接受這個現實，只喜歡嚐甜頭，卻沒有吃苦頭的打算。就算你現在在愛情中吃盡了苦頭，人家叫你斷掉這段孽緣，你也是打死不幹。因為那些苦頭對你來說，都還算是甜頭，甚至還很變態地樂在其中無法自拔。

如果結了婚，那些苦頭當成甜頭就值得。你會生養小孩，不管日子過得再苦都會繼續撐下去，你是明媒正娶的元配，有一個正大光明的頭銜。要是今天沒結婚，你到底是誰啊？也不過是幫別人照顧老公、幫別人養老婆，值得嗎？男生每天送對方上下班，女孩子每天幫人家洗衣服，受盡屈辱地活著，為的是什麼？你只不過是別人的墊腳石，人家踩著你只是為了往下一塊石階邁進，最後一定會被遺忘的。

你喜歡誰，並不重要！

我在舉辦《尋情歷險坊》的講座時，都會請參與者寫一份問卷，希望了解他們適合什麼樣的對象。大部分的人都是寫想要和怎樣的人在一起，或是希望對方要有什麼樣的條件，卻很少有人寫自己可以怎樣滿足對方。

但是，那些結過婚的人，問題就出來了。他們會問：「怎麼辦？我都不能滿足對方。」

「我該怎麼樣討我老婆喜歡？我怎麼樣才能跟我老婆講話？」

「我先生都不太理我，怎麼辦？」

結婚前的人，大部分都會說這樣的話：「他不是我欣賞的 style。」這些人很堅持一定找到自己欣賞的 style 才考慮結婚，但當你去問那些結過婚的人，他們還會在乎對方是不是你欣賞的 style 嗎？

選誰並不重要。就算選到人人都想要的完美情人，最後能不能幸福還是未知數。有些女人，就算老公提出離婚要求，還是有很多男人排隊等著要；所以就算離過婚也不影響她的「行情」。甚至有些離過婚的女人，能結婚的機會仍高過於那些從沒結過婚的女人，她就是有本事一直再婚，這是很妙的事情。沒行情的就是沒行情，不被喜歡的就是乏人問津。

很多男人都表態：「離過婚有什麼關係？有小孩也沒關係，我來養就好。」

照理說，離過婚的人就像考試不及格，為什麼還是有辦法被喜歡呢？那麼，這些不在乎結婚對象離過婚的人，他們心裡想的是什麼？

有些人會這麼想：「你跟他離婚，不見得會跟我離婚。」

「她之前離婚是跟前夫不合，但她跟我一定很合，我很愛她。」

每個人都把自己想成不一樣。但是，這個人曾離過婚，表示他在經營感情上一定有無法克服的問題；最重要的關鍵是：他有沒有把這個問題修正過來。如果他沒有改變，就算結一百次婚也沒有用。

如果有人問他：「你為什麼會離婚？」或許，他會告訴你一個故事。可是，不管這個故事多麼淒美動人，還是沒有用。他還是有些不錯的條件，要再嫁或再娶仍是很容易的。如果他想結婚的時候，就會表現出很可愛的模樣，他知道怎樣能讓自己很可愛——這就是最可怕的地方。他只要裝可愛一下，很多人就會買單。

所以，男女之間的戰爭滿殘忍的。只要你懂得怎麼去引誘對方，就能在一起。這是一種能力，若想得到對方的歡心，就必須要學會。有很多本質是誠實正直的好人，可惜卻不會這樣的能力，不懂得怎樣去討別人的喜歡，非常可惜。

幾乎所有的人都會說：「我要成品，我不要還需要DIY（註一）的。」也就是說，這些人挑對象的時候，希望自己的對象是美若天仙、溫柔賢淑、進退得體的完美對象，最好是像某某人的另一半這樣最好，這就是所謂的「成品」。至於DIY，就是還需要加工塑造的意思。這些人或許可以變成巨星，可以把他變成最佳主角，但不是現在，他還需要訓練，需要磨合。

「我這個人就這樣。你要，還是不要？」

當然沒人要，因為大家會怕。雖然他的人品很好，可塑性很高，可是看起來一副宅樣，沒人會欣賞。但他是還沒有成熟的蘋果，等到成熟之後，簡直是一表人才。你希望他達到九十九分的水準，只要陪著他，總有一天會達到目標。

但是，你看到一個看起來條件很好，以標準來說是「成品」的對象，卻沒有這樣大的可塑性。你以為這個人沒什麼問題，其實他就像是燒好的陶瓷，再烤就會壞掉了。他的可塑性就是你所看到的那樣。你希望他提高個兩分，幾乎得要用掉半條命。

你在選對象時，他給你的感覺跟他在家表現的樣子必須是一樣的，簡單來說，就是表裡如一的人。但這個問題你沒辦法知道，你也不會去問對方這種問題，怎麼會知道他在家是什麼德性？

最近有一個笑話。我朋友跟我說，她兒子住在外面，有一個同居好幾年的女朋友。最近，兒子搬回來跟媽媽一起住。他媽媽說：「這下慘了。」為什麼呢？因為媽媽跟女朋友都是職業婦女。兒子跟媽媽一起住之後，發現媽媽把家裡打掃得這麼整齊乾淨，每件事情都弄得這麼好。他開始嫌女朋友的習慣很糟糕：「奇怪，女朋友怎麼這麼髒啊？」

媽媽說：「你跟她住了這麼多年，怎麼之前從沒覺得她髒呢？」

他女朋友也說：「你以前都不嫌我髒，自從開始跟你媽住之後，你就嫌我髒！」

住家裡時，兒子發現媽媽把家裡打理得很好，就覺得：「對嘛！女人應該要這樣嘛！」但是，如果沒比較過，就不知道問題在哪裡。

沒結過婚的男人，對婚姻的想像是什麼？他想像的是：「我很愛她，她也很愛我，公主與王子從此過著幸福快樂的日子。」所以，他腦袋裡會一直想：「我要這個，我要那個！這個不好，那個不好！」因為他看的感覺不對。

這是男人很重視的地方：外表。女人呢？不只看外貌，還看薪水。

「啥？你薪水怎麼這麼少？」

你看，這是不是很大的迷思？女人看薪水，男人看外表；女人看學歷，男人看照片，這樣的婚姻怎麼會幸福咧？

這個迷思如果不破除掉，永遠沒辦法結婚，因為你一看就不喜歡，不喜歡就沒激情，燃不起興趣，覺得走不進去。就算你走進去了還是很害怕，好像在火坑裡面過著水深火熱的生活，這樣還是不行啊！因為這條路很長。

他不是我的菜？

當在挑對象時，要有交朋友的基本尊重，對別人要有禮貌。不過，你也得要很誠實地講出自己的感覺，否則在這過程中，完全學習不到任何事情。

比方說，那些來參加《尋情歷險坊》的朋友們，我會叫他們去告白，那是一個練習，不是要他們今晚就跑去跟喜歡的人說：「妳要不要嫁給我？」那樣一定會死得很難看，因為太突兀了。

你喜歡誰，直接來找我告白就好了，不要去找那個人。就算你要找，至少要等你有八十五分的水準再去，才會有成功的機會。

跟一個人「結婚」這件事，為什麼會讓你聯想到要跳進火坑這般地高難度？因為你想的是：「這個我不喜歡，那個比較好，這個傢伙我討厭他。」

錯了，事情不是這樣的。你應該問問你自己：「為什麼我會不舒服？為什麼我沒辦法跟這個人好好相處？」

是的，我們都希望可以很舒服。我們都希望找到一個人很帥、很體貼、很紳士，讓我們覺得很爽，可以簡單的說：「我願意！」然後就嫁了。這真的很好笑。

我想的是：你怎樣可以處理各種人？怎樣才能讓自己變得舒服？你必須先了解你自己，而不是一直在找自己到底適合哪種人？哪一個人可以跟我搭配在一起？幸福並不是這樣找的。

我們現在不是在講裁縫，不是在講做衣服，我們講的是「人」。你可以剪掉裙子一吋的長度，或是弄長一點。但是，你沒有辦法把一個人剪掉一吋，這是不可能的事。換句話說，你一直在想著要找到那個「白馬王子」或「白雪公主」，根本不可能找得到！因為你一直想要去改變別人，讓他們變成適合你的對象。這是完全錯誤的方向。

我們不是要去選美，選誰是王子、誰是公主。你得讓自己舒服，這是最最重要的事。所以，你必須去面對每一個人，去看看他們什麼地方造成你的不舒服，你不舒服的點又在哪裡。這樣修正下去，不管到哪裡去，你都可以暢行無阻了。

我在帶「新娘訓練班」的時候，有很多貌不驚人的女孩子，在訓練結束之後大家都驚為天人。一開始都沒人注意，等到你注意到她的時候，她已經是別人的老婆，早被訂走了。

所以，你要比別人先搶，要找那些值得投資的潛力股，這就是前面提到的「搶地哲學」。至於搶不搶得到，那是你的本事。

一般人常會說：「她不是我的菜！（註二）」

「她身上沒有我喜歡的那種『味道』。」

不是她沒有那種味道，因為她還沒釀好，而你也不懂得怎麼去欣賞；等到釀好之後，她卻不屬於你。如果你堅持一定要有那種「味道」，就只好去當第三者，才有機會。

如果讓你自己選，常常會選錯對象。你常常挑那種根本不會跟你在一起的對象，總是去跟成千上萬個競爭者一起追求的大眾情人，這樣要幹嘛？不太有意思。

老實說，你並不清楚自己到底喜歡怎樣的人。你應該選一個願意嫁你的人，選一個願意娶你的人，這就是挑對象的學問裡最有趣的地方。

至於你看上誰，那種感覺到底準不準？以我的經驗來說，絕大部分是不準的。當然，一見鍾情的例子並不是沒有，但你必須先搞清楚什麼叫「一見鍾情」——彼此都相愛，才叫一見鍾情。若只是一廂情願，根本不能算是一見鍾情！

若是今天你在馬路上遇到一個喜歡的人，又不確定對方喜不喜歡你，你要做的事情其實很簡單，就是上前去問他要不要跟你在一起？一定要對方點頭才算數。

找對象，不要一直卡在「你看上誰」，這是沒有用的。你應該直接去問對方願不願意嫁給你，每個都問；點頭的那個就是你老婆。

尋情者答客問

Q：如果今天一個人忽然對我說：「我們結婚吧！」但我覺得我沒辦法跟他說：「好，咱們就結婚。」那該怎麼辦？

你不一定要現在就點頭答應對方，但你可以透過很多其他的方式來達到結婚的目標，這就是我這個顧問存在的價值。我可以幫你問，我可以幫你解決你沒辦法解決的問題，很多話你不敢講，我可以幫你，後面就會變成你可以接受結婚的事實。

以我作媒的方式來說，有很多事情並不是現在的你有能力去面對的。像有一個男生開了八個名單給我，我一個一個去幫他問，甚至幫他追。他已經決定了名單，但就是沒有勇氣告訴對方，就算他自己去說，常常也不得其門而入。但經過《尋情歷險坊》的過程跟不斷的溝通之後，他就有機會能夠成功。

大部分來《尋情歷險坊》的男女，並不是在對方的面前直接談結婚的事，而是透過我作為中介。男生看到未來的老婆，一句話都說不出來；女生也知道那個人就是以後的老公，一樣也是很尷尬。這一點都不奇怪！如果他有辦法講出來，早就結婚了。這也就是他們人生的關卡。

為什麼我會在這裡？就是要幫你跳過這個關卡。

我做事情的速度很快。辦婚禮，我只需要一個月就能讓你結婚。可是你必須跟我合作，而且是非常緊密的合作，我叫你做什麼，你就得做什麼，否則一定結不成的。我為什麼會希望你們看過《尋情歷險記》的電影？電影裡面每一對夫妻的例子都是照這樣做，就結成婚了。這些人的結婚過程，在外人的眼裡簡直只能用「戲劇化」來形容。

只要你願意跟我合作，只要把條件開出來給我，你就一定能夠結成婚。

雖然你不了解對方的家庭背景，也不曉得要怎麼去應付接踵而來的問題，沒關係，我都會清楚地告訴你該怎麼做。但不管怎麼說，有人向你求婚總是一件好事，若找不出什麼理由拒絕，就點頭答應了吧！

怎樣的人適合我？

「怎樣的人適合我？」

很簡單，你欣賞的那一個就適合你。如果你找不到你欣賞的人，那不好意思，這世界大概沒人可以跟你結婚了。

我提倡「人皆可夫」，並不是鼓勵女人水性楊花、到處劈腿，不是這樣。因為女人必須學會欣賞男人，只要能夠欣賞，就能嫁，不管嫁誰都會幸福。要是不能夠欣賞，就沒辦法嫁出去，因為和誰在一起都一定不會快樂。

這個能力跟妳老公沒關係，而是怎麼培養這樣的情操與胸襟。像李安（註三）的老婆，要欣賞他好幾年不工作，在那邊想事情，在家煮飯切菜，看起來好像沒在幹嘛，但李安的老婆就是能夠欣賞他這樣做，在老公沒有經濟能力的這段時間要養他，最後就養出一個世界級的導演。

你要是喜歡李安，就要能夠欣賞他，養他也都樂此不疲。就算他一生都沒有拍出一部片，妳也不該有任何怨言，這就是當老婆的精髓。妳若是不具備這種欣賞能力，就不要埋怨自己的婚姻不幸福，因為妳根本不具備擁有幸福的條件。

所以，為什麼叫你進步成長？因為這樣的能力，是靠進步成長培養出來的；你要突破過去的不幸與不舒服，你要悟透人生真正的道理，才能找到真正的幸福。

那麼，該怎麼選對象呢？

答案也很簡單。選一個願意跟你結婚，願意跟你一起撫育下一代的人。你要選一個方向目標跟你一致的對象。

如果三十歲才有孩子，等到四十歲的時候，孩子才十多歲，你沒那個體力陪他一起成長，那就慘了。若是二十歲出頭就有小孩，孩子的健康狀況會好很多，父母也比較有體力帶小孩。尤其是女人，年紀大了可以整型或打玻尿酸保持年輕，但子宮沒辦法裝年輕，最後就生不出來。

敗犬特質，是從年輕時培養出來的。條件好，姿態就高，遇到第一個交往的對象，不結婚就得再等三年，要是第二個對象再不結婚，六年就耗掉了。沒過多久，就過了四十歲，四十歲還要怎麼跩啊？根本沒人想要娶了，就只好找機會去當別人的小三，或是被人玩弄感情。

因為職業的關係，我碰過很多各種疑難雜症的人，他們遇到的問題已經很頭痛了，若再加上時間、空間、體力、經濟上的挑戰，根本就沒有辦法進步成長，即使再有心也沒有用。

當一個人有心也沒用的時候，他在這個世界的故事就已經結束了。或許他也想要進步，想要改變，但是這條路太遠、太累、太煩，到後來就心力交瘁，沒辦法了。

為什麼會這樣？因為年輕的時候不打拚，為了工作，或是為了賺一份薪水餬口，在某些地方懶一點，舒服一點。等到年紀大了，沒有愛情的滋潤，那顆心是很空虛、很憔悴的。明明很想動，偏偏就是拖不動，這副臭皮囊載不動許多愁；最後時間很緊、人很疲累、錢很少、活力很不夠，人生差不多就要畫上句點了。在這種情況下，怎麼可能結婚？怎麼可能生小孩？這就是非常殘酷的人生。

有些人在挑對象時，總是這麼想著：「我要找一個跟自己適合的人。」所謂的適合，就是價值觀相近，譬如兩個人都很喜歡運動，喜歡吃健康的食物，或是看電影的調調很接近之類的，用這樣的方向去找適合自己的人。

不過，這種挑對象的思考方向會帶來一個嚴重的迷思。這些價值觀其實並不重要，兩個在一起的人，個性可以截然不同，只要彼此欣賞就可以了。

價值觀不同，跟能不能在一起是沒有關係的。你做你喜歡做的事，我做我喜歡做的，當我們兩個在一起時，相安無事就好。兩個人還是在一起吃飯，一起睡覺，一起面對柴米油鹽醬醋茶。至於你愛吃什麼，我愛吃什麼，不重要。我吃我的，你吃你的，其實也滿好的。

雖然興趣跟嗜好不同，但是，兩個人的大方向必須是相同的。所謂的大方向，就是想要進步成長的心。以爬山做比喻，兩個人的大方向都是要爬到山頂上，只是他喜歡用滾的，我喜歡用跳的；用什麼方法都無所謂，最後能到目的地就好。

所以，什麼叫做適合的人？

適合的人，就是有共同目標的人、願意一起進步成長的人。不能一個喜歡墮落，一個喜歡進步，這樣絕對會完蛋。只要兩個人都願意結婚，然後在一起磨合，邁向幸福的彼端。至於那些興趣、嗜好、價值觀等等，不需要一樣。

兩個個性、興趣接近的人在一起當然很好，個性不一樣的人在一起也會有火花，優缺點可以互補，可以截長補短。生活最基本的事情，就只是把食衣住行搞好，不必想得那麼複雜。你有自信把要做的事情做好，除了自己開心之外，有本事讓對方開心也很重要。最怕的就是你不開心，就會讓對方很難受。

註一：DIY

DIY是英文Do It Yourself的縮寫，可以正式譯為自己動手做。DIY原本是個名詞片語，但在中文環境裡除了當名詞用之外，它往往是被當作形容詞般使用，意指「自助的」。

註二：她不是我的菜

這句話源自於英文諺語：You are not my taste. 不是我的菜，意思是說不合我的胃口。引申為不受說話者的歡迎或喜歡。

註三：李安

著名臺灣導演。李安曾經失業長達六年的時間，他的妻子則擔負起養家糊口的重責大任。這樣的情況在臺灣通常是相當尷尬的，但是因為妻子的支持和理解，李安並沒有放棄他的職業電影生涯，繼續從電影和表演中產生新的想法，在這段時期寫下幾部劇本，並且不斷到好萊塢碰運氣，才有機會揚名立萬，成為國際知名的導演。

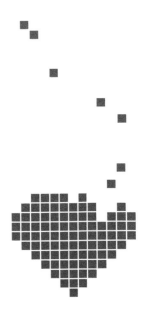

第9章

情場如戰場

你願不願意跟我結婚？

你要找的對象，是在生活裡會跟你講話的人。如果平常可以講話的人已經很少了，找到對象的機會就微乎其微。

好不容易有一個女孩子，你對她還滿有好感的，她跟你有一些接觸，就可以直接問她說：「妳願不願意跟我結婚？」然後，就知道對方的意願如何。要是連那種常常跟你講話的女孩都不願意嫁給你，跟其他的對象還有什麼希望？

所以，找對象不需要想的那麼遠，要想的實際一點。要找，當然是找願意跟你在一起，願意跟你講話的人。在日常生活裡，你要常跟人家出去吃飯，你常常跟人家去看電影，常常跟人家去爬山……看看有誰在你身邊，從這些人裡面挑選。

要是你好高騖遠，乾脆去美國、歐洲、日本、中國大陸去找，直接找不認識的人相親，這樣還有什麼好談條件的？要是找對象到了這種地步的時候，就已經不是真正的在戀愛。

你應該在生活裡面不斷跟人接觸，最重要的是趁自己還年輕的時候。要是你已經錯過了找對象的最佳時機，沒有在真正的花功夫在找尋，最後就只能當一隻敗犬了。

其實，敗犬的身邊一定出現過不錯的對象，應該也曾經被人欣賞、喜歡過，但為什麼還是錯過大好時機？主要的原因就是「被動」，在等人家來追。

這都什麼時代了？等人來追，已經不流行了。

要找到個好對象，一定要主動出擊。每錯過一次機會，就得再等個好幾年，一眨眼，十年就過去了。要是過於執著對方有多麼喜歡你、你有多麼喜歡對方，並不能找到幸福。結婚就是共同生活，從柴米油鹽之中去經營愛情。

有些人在感情上一直被別人欺騙，所以在找對象時，會附加一個條件：我絕對不可以又被人騙了。為什麼會被騙？因為自己太過執著，沉迷於其中而昏了頭，分不清是非黑白。

當你愛上一個女孩，不管是暗戀還是真正的交往，你會一直想要符合對方所期待的條件。但只要沒有結婚，沒有真正的在一起，就只是耽誤自己的青春。你可以試圖讓自己進步成長，讓自己能夠符合對方要求的條件，但先決條件是結婚才有機會。

如果你和一個人在一起六年都沒有結婚，最後分手了，這六年是不是就浪費掉了？這邊再浪費個幾年，那邊又再浪費個幾年，還有多少時間可以消耗？原本是有機會結婚的，但都被錯過了。

當你在談一個沒有結果的戀愛的同時，有多少願意結婚的人想要跟你在一起？問題是，你從不去看那些願意結婚的對象，只堅持想跟眼前的「意中人」戀愛，偏偏這個談戀愛的人卻不跟你結婚。

如果你愛的人很愛你，真正相愛當然會一拍即合，結婚何必要等？最好明天就去結婚。要是你說他很愛你，講到結婚時卻一直不點頭，問題出在哪兒？這問題的真正答案是：你愛的人其實並不愛你。只有當局者迷，非常明顯。

也有一些找不到對象的人，最大的罩門在於一直想要去追別人，可是追的都不是該追的人，落花有意，流水無情。這裡面的迷思在哪裡？就是當你要追一個人的時候，你要確定對方願不願意馬上跟你結婚。

比方說，你單戀一個人半年，才寫情書問對方願不願意跟你交往？要是對方說不行，過去半年的時間都浪費了。如果一開始你就跟他說：「我喜歡你，你要不要跟我在一起？」要是他說好，就可以開始。如果他說不要，你可以繼續追，然後給他大約半年的時間考慮。

但是，千萬不要把雞蛋放在同一個籃子裡。在給他半年時間的同時，你也要去嘗試去跟別人約會，那些所有追你的人，也要給他們機會。如果你的態度很跩，追不到自己喜歡的人，其他的也全都不要，那就會變成敗犬。那些追你的人就像是經過身邊的公車，車子一台一台過去，你卻一點感覺都沒有。你的心態是：反正我又沒有要坐那輛公車。可是，如果你招招手，這些公車會不會停下來？一定會的。

千萬記得，婚姻不是這樣，愛情不是這樣。你要去選擇一個要跟你在一起的人。想想看，你因為喜歡某一個人，放棄了十個追你的人。但是，這十個追你的人當中，至少有三個是值得結婚且條件合格的人。只要給他機會，愛情就可以培養，至少他喜歡你，跟他在一起就會有火花，就會創造出你們想要的愛情。

你挑別人，別人也挑你

生活裡面的計畫，一定要把各個層面的漏洞處理好，才不會一直挖東牆補西牆，做事情丟三落四。你不能顧此失彼，為了完成某個目標，放棄掉人生其他的部分。

比方說，有些人滿腦子都只在想著賺錢的事，至於感情就放在一邊不理不睬。有能力賺錢當然很好，但是等到有錢之後，才發現自己把所有心力都放在事業上，生命裡沒有感情，等到那個時候才想要經營，時間就過了。你應該從現在就開始平衡，一邊要賺錢，一邊也得兼顧另一半，兩邊要一起成長。

我常奉勸年紀輕的女孩要早點嫁人，趁自己條件還不錯時，把自己弄漂亮一點，學著怎麼做個女人，除了應對得體之外，也要學著打扮，這跟妳能夠找到哪一種男人有絕對的關係。妳喜歡的男人，不見得會喜歡妳。所以，妳要在自己的藍圖裡面去追他——如果妳喜歡這樣的男人，妳應該要讓自己變成怎樣的女人，人家才會喜歡妳？而不是一直到處去碰撞，這不是在賭博。

一般人對於找對象這件事，就像在賭博。好比說，上個月遇到一個還不錯的人，今天又看到了一個，比比看哪一個比較適合自己——找對象的態度不應該是這樣。妳擁有什麼條件？妳的條件可以找到誰？第一名的環球小姐都不見得嫁得出去，那妳又是誰？妳想做人家的老婆，有什麼條件？

妳一直想要好男人選妳當老婆。但是，這個想法不對！妳要想：怎樣的男人才會娶我？什麼年齡的男人會娶我？若把全世界的人口縮減到百分之一，再來看看有沒有人願意娶我？怎樣的人才會願意忍受我？娶我的男人對我的要求是什麼？就算妳很有錢，養個小白臉都有可能對妳百般挑剔，對不對？不見得妳養人家他就會很乖，就一定會很聽話，要是妳不夠溫柔，他根本不想跟你講話；妳太邋遢，人家今天心情不好還不想碰妳。

這是一個妳必須要懂得的「女人的條件」，就像去競選一樣，哪種類型的選民會把票投給妳？哪些人會是潛在支持者？應該要去哪裡拉票？而不是一天到晚在想：我不喜歡你、我不適合他、這個男人我不喜歡……妳喜歡誰、想要怎樣根本不重要。妳要想的是「對方想要的對象是怎樣」，妳要讓自己變成符合對方的條件。

若以考試做比喻，你想要考進台大，就要有台大的分數。再用買菜來比喻，妳想要買什麼菜，也要看妳有多少錢。妳要嫁給這樣的男人，就要符合這種男人的擇偶條件，對不對？這是一個籌碼的觀念。

一般來說，比較年輕的男孩或女孩常犯一個毛病，就是溝通的能力不夠好。想要拓展人際關係，就要能夠跟別人溝通，必須講別人聽得懂的話。溝通不良的人常常講話還需要再次翻譯，不然別人很容易誤解他的意思，覺得這個人講話怎麼這麼突兀？因為，他的表達方式並不符合一般人能夠理解的標準。

所謂的標準，就像你賣的產品要在便利店上架，是不是要符合一定的標準？一定要通過檢驗、貼上合格標籤、一定要乾淨衛生、要有品牌、價格要合理等等。為什麼人家會喜歡去超級市場？因為賣場裡的東西都乾乾淨淨，那就是一個基本的水準。剛剛提到的不符合標準，就是講出來的話讓別人感覺莫名其妙，人們沒辦法接受，這樣的產品上不了架。

溝通不良的情形，就是別人聽到他說話都會感覺很突兀，看到他的表情就不想理他。所以，他必須先把這些讓人不舒服的所有細節全都先修正過來，但這是大工程，至少需要二到三年的時間，包括說話的情緒、語調、節奏、內容、表情等等。

如果你給人的感覺像是整天都沒睡飽，要不然就像嗑過藥，整個人呆若木雞，或是有一種冷漠無助、面無血色；別人看到你，會覺得這個人好像沒什麼感覺，或是你似乎很難受、很痛苦，或是很木訥，不願意跟別人講話。如此一來，當別人跟你溝通的時候，是不是心裡會有所防備？這就是一個「上不了架」的障礙。

如果你的溝通能力「上不了架」，怎樣的對象才會喜歡你？物與類聚，只有那種不愛說話的，或是喜歡到處沾一下、玩一玩的，或是同情你的人才會接近你。你是怎樣的情緒，就會吸引怎樣的人；你會跟怎樣的人在一起，命運就會變成那樣。當妳的命運、愛情變成那樣的時候，人生還有什麼勝算呢？要是只能跟這種水準的人在一起，進步的水準是否很有限？如果不能進步，你就只能一直停留在那裡，永遠不登大雅之堂。

所以，為什麼要有禮貌？為什麼要懂得如何穿衣服？為什麼你的髮型要整理？為什麼一定要進步成長？因為你可以吸引怎樣的人，可以跟怎樣的人在一起，決定你的命運會如何。

這非常現實——你在交朋友，別人也在交朋友；你要交你喜歡的朋友，人家也要交他喜歡的朋友，這就是社會上所謂的人緣與交際。

人緣好跟人緣不好的差別，就像社會上的貧富差距越來越懸殊，會賺錢的越來越有錢，貧窮的就越來越窮。餐廳好吃的，生意可以做到大排長龍，老闆賣到手扭到，還要去給人按摩復健。隔壁那幾間一樣是賣吃的，偏偏就是乏人問津，店面冷冷清清，很快就關門大吉。

女人也是一樣，有的女人是人人都想追，排到號碼牌來不及印；至於沒人追的，十年都沒人打過電話問她要不要出去，這就是貧富懸殊。那麼，妳要做哪種人？當然是做生意好的這種人啊！怎麼會有人想要沒生意做呢？

女孩子要打扮，要會講話；男孩子也一樣要懂得幽默，懂得撒嬌，讓人家感覺比較舒服，這就是生存的基本條件。你要曉得人生的基本條件是什麼，改掉自己個人的致命傷，否則走不出死胡同，就算具備英雄的本領也一定會死，你必須要去突破自己的那一道關卡。

人之所以有趣，就是在這裡。人各有命，有每個人自己要解決的東西。

若你是男人也可以想想：像我這樣的男人，一個月只能賺這些薪水，那麼會喜歡上我的是那種女人？她的要求標準只能跟我一樣這麼少。如果她在物質上想要穿好一點、吃好一點、用好一點，就不會想要跟你在一起生活。你有什麼條件讓人覺得跟你在一起會幸福？如果沒辦法滿足對方，兩個人在一起的問題就會一直發生，如果娶到一個要求比你高的女人，她跟你在一起就會一直吵架。要是標準比你低的女人呢，你又不會滿足。那麼，你的生活是不是就一直這樣吵吵鬧鬧？

所以，你要曉得挑選結婚的對象到底是怎麼一回事。你要娶怎樣的老婆，嫁怎樣的老公，非常非常地重要。當你的另一半水準越來越高的時候，他跟你沒話講，他講什麼你根本聽不懂，你就會開始覺得厭煩，他也覺得你怎麼這麼沒水準，感情就會出問題。

十年後的你會變怎樣？

你知道自己的夢想是什麼嗎？

你可以知道十年之後，你會從事哪一個行業嗎？人都會變的。你現在騎的是摩托車，搞不好十年後變成騎腳踏車，誰知道你會變成怎樣？你怎麼知道自己要幹嘛？所以，你一定要進步成長，這就是你應該要走的方向。

可是，當我跟你說一定要進步成長時，你會擺出很不屑的態度。你會說：「我喜歡環遊世界。」

「我喜歡在法國南部的海灘曬太陽。」

「我已經夠好了，不必講什麼進步成長。」

「我只想靠自己。」

講這些都不切實際的例子。你怎麼知道十年後會不會在夜市裡賣剉冰？要是連你都不知道自己在幹嘛，你又怎麼能確定對方是怎樣的人？現在他可能在夜市賣剉冰，可是過了十年之後，人家可能會是個大老闆。

你現在結婚了之後，就可以當一家之主，可以有小孩，可以真正的為一個家努力打拚。如果你連個家都沒有，遊遊蕩蕩的只能像一個遊魂。有了家庭的確很辛苦，但是人生本來就是要為家庭打拼忙碌，要擔起一家的責任，不是應該要這樣嗎？

女人要的是什麼？很簡單，只是一個家而已。感情不一定要風花雪月、驚天動地，就算有人能夠帶給你刺激的生活，你是否真的會喜歡？不見得。一般人平平淡淡的過日子，就很心滿意足了，亮麗的禮服，一生穿一次，甚至用租的就可以了。

可是，丈夫不能用租的。丈夫就是妳最喜歡的那雙布鞋、穿起來最舒服的那件衣服。挑丈夫應該要用這種標準，在一起最自在、最舒服的，不是挑那種最頂級的衣服——禮服怎麼可能天天穿在身上呢？

你要了解自己是那種人，怎樣的人跟你在一起是最舒服的。你可以看看你的穿著，看看自己家裡的擺設跟格調，然後問自己，哪些是你最常用，用起來最舒服的東西？那些東西，就是你的水準，就用那個水準來找你的對象。你可以提升自己的水準，但不能為了讓自己看起來有水準，強迫自己去選擇一個難受的、不喜歡的對象。

假設，妳常穿T-shirt跟短褲，他也常穿T-shirt短褲，這樣就會很合。妳加一點小碎花的變化，或是換穿個裙子，對方就會覺得漂亮。如果他聽到妳說：「我最喜歡穿的就是旗袍，要綢緞，最好是絲質的那種……」一聽就知道，妳不是他要娶的對象，因為他自己不是這樣的人。

不過，有沒有這樣的人呢？當然還是有。只要一聽，知道彼此的等級差不多，人生的方向、目標都一樣，這樣就可以結婚了。

你可以問對方說：「你喜不喜歡進步成長？」

「喜歡。」

「那麼，你希不希望有小孩？」

「希望。」

那就可以在一起了，至少方向是一樣的。

如果妳想知道多一些，可以再多問一個問題：「你結婚之後，多久才會想要有小孩？」

有的人會說：「我婚後不想馬上要小孩，至少三年之後才會生。」要是你今年就希望要生孩子的，那就得找今年願意生的，這就是一個條件。

如果你一開始就和對方去看電影，去吃飯約會，或許你們會很陶醉在約會的情境裡，因為他會對你很好，你會很開心，但這並不代表他願意跟你結婚，也不表示他願意跟你一起撫育下一代，對婚姻來說就是浪費時間。你應該直接問對方的意願，馬上就能確定這個對象適不適合結婚——因為你的目標是要結婚，不是去享受戀愛的感覺。

如果你是去享受談戀愛的感覺，相處到後來便會見招拆招，然後吵架、分手，因為在一開始的時候，並沒有搞清楚你要的目標是什麼。這就像當你走進了一間鞋店，你的心態只是隨便逛一逛，看到喜歡的才買，有時候剛好被你發現了，有時候沒有找到就算了。可是，如果今天你很清楚自己一定要買一雙用來跑步用的運動鞋，而且你還知道要買黃色的，那目標就很明確，試穿之後，只要感覺對了就可以帶走，不會一直浪費時間往下一家跑。

現在的關鍵就是問你要不要結婚？如果你點頭的話，下個月就可以辦婚禮了。人生就是這樣，看你要搭慢車還是搭快車？你要到高雄，車子來了卻不搭，一班一班地等，時間就過去了。你搭慢車就比較慢到，你不上車就只好等下一班，意思是一樣的。車子還會有下一班，好對象一旦錯過了，就天人永隔了。

大部分的人都談過戀愛，交過男女朋友，可見要找個談戀愛的對象並不是那麼困難。婚姻是一輩子的事，你喜歡一個人的確是很好，但是，你有沒有能耐牽著對方的手走完這一輩子？每個人的底限都不一樣，但仔細來看，有可能是再也沒辦法溝通了，或是要付出的超過了自己體力的極限，你沒辦法講話了，你講不動對方，你不想理他，就沒辦法再繼續下去。所以，到最後大家會遇到的底限，其實都是一樣的。

不管男人或女人，討厭的事情八九不離十，喜歡的事情也差不多就那幾樣，男女之間不該犯的忌諱也就那幾項。要是你一直犯，去踩別人的底限，最後就一定不會有好下場。

結婚很辛苦，所以就該選擇單身，孤獨終老嗎？等到自己老的時候才發現，不對啊！這不是我要的生活。我現在已經告訴你了，就算你五十歲，還是會想有個伴，還是希望有孩子，這是人活著的基本動力。一旦錯過了青春，回過頭來想要結婚的時候，條件已經沒有那麼好了，到時候只好放棄，但不代表你真的無所謂。

雖然結婚很辛苦，也只有那麼多的辛苦，才會帶來那麼多的美好，你才會發現自己有那麼多的潛能與愛人的能力，還有這麼多的仰慕與讚美；所有以前沒有得到的，都可以在婚姻的過程中得到。你身上擁有很多的優點跟能力，卻沒有人知道，而且你也沒被那樣地愛過，當被那樣地愛過時，將會發現人生不枉此行。

尋情歷險者：陳先生

在感情上，我總是當一個乖乖牌，總是只做我覺得「對」的事情。我會先去想別人需要什麼，先去滿足他們。但是，我也知道我欠自己一個夢，欠自己一個滿意的結果。

他是一個只能做對、不允許犯錯的人。他總是能通過考試，然後拿到一百分。這對他有什麼好處？他的婚姻又會變成怎樣？一樣還是沒能過關。

但是，他一直要求自己要一百分。

在婚姻裡，你想要拿到一百分，得要先滿足你自己。如果你一直想要先滿足其他人，最後可能你讓對方很開心了，自己卻非常不快樂。你必須從錯誤中學到一些東西。你那麼優秀，一個可以得滿分的學生，可以做任何事。但到底發生了什麼事，讓你的婚姻出了狀況？

所有失敗的婚姻，幾乎 99% 都是來自溝通的問題。但每一個人有不同的狀況，我可以幫你們分析出來。

舉例來說，有個來找我進行諮詢的男人，他的心裡有很多話無法表達出來。他太客氣了，但是女人不欣賞這樣的男人。這也是為什麼他女朋友可以對他大小聲的原因。他是一個好人，心地很善良，但是他需要更積極一點，因為女人要的是態度與感覺。

我嫁給我老公有一個很主要的原因，就是他是我遇過最兇的男人。他很強壯，很暴烈，很勇敢。這些特質非常吸引我，這也是我需要的。但是，每一個人需要的不見得都一樣。

對於前面的例子，我要表達的重點是：這男人的個性太軟了。我試著叫他今晚打電話給他女朋友，他就怕得要死，一直說：「不行，不行，因為這樣我們會吵架。」問題是，他們已經吵三年了，再多吵一次，有差嗎？三年已經夠久了。

於是我告訴他，今天就要做一個了斷。你打給她，告訴對方自己的底限在哪裡。而我這個媒人呢，會去跟你女友碰面。我會告訴他的女朋友兩個選擇：

一，改變進步，努力學習，然後嫁給他。

二，不需要再繼續討論下去，結束你們兩個的關係。

我一定會讓他結成婚，不管有沒有這個女朋友都不是問題。他是一個好人，結婚後，他一定會快樂，但首先必須要能夠穿越這個過程。

以某些例子來說，感情狀況真的不好，你真的不喜歡這個人，無法跟他在一起。我就會說：「好，那離婚吧，結束這段關係。」

對多數的男女來說，大家都很怕傷心難過。但你必須像個戰士，不斷努力奮鬥，為你的幸福站台。你希望終止這場戰爭，希望可以獲得勝利。

你不想再被這些問題糾纏住，像一場沒有勝負卻永無止境的戰爭。

就像剛剛提到的這位男生，他在這段感情裡搞了三年，吵了三年，但他還是不明白發生了什麼事，也無法停止這場戰爭，還要一直吵下去。這真的很不好，三年已經太久了，幾乎浪費了可以生兩個寶寶的時間。

你有結婚的權利。不論任何人說 yes 或 no，只要你說你可以，你就能結婚。但是，當你一直在等別人說 yes，一直要別人同意，這就會變得失控——你希望徵求同意的那些人，並不是你要生活一輩子、能夠嫁娶的那個人。

婚姻中最重要的課程，就是找到願意在一起的另一個人，剩下的，就是溝通。所以我一直告訴大家，要提升自己的溝通能力，但第一件要做的事就是結婚，快速改變，然後成長，努力談一輩子的戀愛。

有個十九歲的女孩，早就在我這兒上溝通課了，她年紀輕輕，卻早已選好結婚的日子，也已經選好了老公。所以，我得提醒各位，你的競爭對手很多。你不結婚，別人就把好對象給挑走，你一定要動作快一點，生活才更有重心。

我們提到工作，你不會故意去設計一個失敗的計畫。但是，你之所以會失敗，是因為你沒計畫。這才是事實。

你來《尋情歷險坊》這裡的目的是學習，希望自己的人生更順暢，然後拿掉過去的困惑。我會鼓勵你，陪你走下去，不會規定你一定要怎麼做，不會教你什麼是對的，什麼是錯的。但我會緊緊握住你的手，帶你穿越很多事情，在你最害怕、想退縮、擔心的任何一個時刻，我會拉你一把。

第10章

尋情基本功

自在地呈現自己

在婚姻、感情的世界裡，不討好的人通常都有一個共同的問題，就是體力不夠，而不是心地不善良。可愛是需要體力撐出來的，講話也需要體力去撐，你想要創造、想要去愛對方，都需要體力。美好的愛情不是靠鮮花、鑽石或是房子來營造的，而是兩個人打情罵俏來培養情趣，創造浪漫。

我常到處旅行，甚至應該這麼說：我常逼著自己去旅行。我剛從伊斯坦堡回來，職員問我：「伊斯坦堡好玩嗎？漂亮嗎？土耳其OK嗎？你喜歡嗎？」

我回答他們：「我會去這趟旅行的唯一原因，就是因為我不想去。」

每次當我想到十五個小時的飛行時間，就非常頭痛。但是，我一定會逼自己要去。我會去，是因為我知道我不想去。為什麼要這樣做？因為我要挑戰自己，讓自己能夠適應，讓那些不舒服變得舒服。

我希望你可以了解這個溝通的重點：如何呈現你自己。

我常常說，當太太回到家，老公應該要很甜蜜的迎接她，要很可愛的。相同的，如果老公回家，妻子立刻站起來歡迎老公，老公一定開心得不得了。但是，如果老公一回家，老婆板著一個臉，聲音很難聽的說：「你回來囉！餓嗎？」那先生會瞬間忘記自己肚子餓，然後看著妳的臉，心想：「待會兒一定有危險，趕快跑喔！」

所以，在愛情的世界裡，非常重要的一點是：你必須要學會怎樣讓別人舒服，同時，你自己也要舒服。這可是一門藝術啊！

我們常常看到很多先生非常怕太太，典型的「妻管嚴」，尤其在東方人的世界裡是個笑話，但這些例子是確實存在的。你們看，這些男人多麼悲慘，他們賺錢回家，每天賣命工作，聰明能幹又瀟灑；但是，他們卻很怕老婆。所以，這些老公嘴上常會說：「我老婆不准」，「我不能做這個，老婆會生氣。」他們很怕自己的女人發飆。

當然，要進一步去看看是哪一種的「怕」。如果怕到壓力過大，整天膽顫心驚，最後也會變成問題，因為那種感覺並不舒服。我不是在討論對錯，請記住，這沒有對錯。但我要表達的是：你可以讓別人多舒服？你和別人來往時，營造出什麼感覺？我們必須學的是這個。

我常鼓勵時下的年輕人，最好從基層的業務員開始幹起，主要的目的不是為了賺錢，而是讓自己去跟不同的人講話，然後必須懂得如何去服務對方，要知道怎樣笑口常開。你去見客戶一定得笑，久了就會習慣，如果每次見到人都板著一張臉，誰會舒服呢？女孩子一看到你這副德性，當然也不會舒服。

講話的表情讓人覺得舒服，不是一件容易的事。要達到那種水準，說話的量一定要夠多。所以，從基礎業務員幹起的目的，是多吃點練習的苦頭，多磨練一些賺錢的能力，也是生存的基本能力。如果每天板著一張臉，說起話來枯燥乏味，將來婚姻跟愛情是很危險的。誰會願意跟一個木頭在一起？

有些離過婚的人，身價反而好過那些年紀輕，或是資產一大把，卻完全沒有結過婚的人，因為這些離過婚的人至少在感情上還是有經驗，只要夠可愛，就算離婚三次還是有人要。但是，表達感情像木頭一樣的人就算到了四、五十歲仍是乏人問津。

你得常常跟不同的人講話，學會怎麼跟社會上各種人在一起相處。你必須找到一個自己喜歡的團體，要跟別人合作，多花點時間去做事，而不是待在家裡當阿宅。你必須習慣每天讓自己很忙、做很多事、跟很多人講話，磨練相處互動的能力。磨不過去，婚姻就不會幸福，沒辦法跟親戚朋友打好關係。

五分鐘建立人際關係

你要訓練自己在五分鐘之內，建立兩個人的關係並了解對方。這是一個很重要的基本功，如果你沒有辦法跟任何一個人很好，你的婚姻也不可能會好，而且每天會碰到很奇怪的事情。

人生這條路很漫長，特別當你不是過得很開心，日子是非常難熬的。

你跟每一個人講話的時候，如果有癡呆的情況出現，就等於是浪費生命。沒有一個人喜歡看另一個人發呆或遲疑，對於時間的掌握程度，就是訓練你的反應與速度，同時也訓練你的勇氣。只要講話不夠勇敢，臉上馬上會出現不正常的線條——你可知道每一個讓人看起來舒服的臉色與表情，都是經過千錘百鍊之後才變正常的？

不管你講話多有水準、多有內容，表現的機會就只有五分鐘。要是這五分鐘連站都站不穩，叫你先準備你都講不出來，你的戀愛要怎麼精采？你能夠說些什麼討人家喜歡？

創造愛情的最大秘密就是：使出渾身解數，讓對方覺得著迷。偏偏你講話的內容只有殺傷力，講一些讓人討厭或是無關緊要的東西，或是發呆、陷入半昏迷狀態，誰會受得了呢？

如果你能夠讓另一半傾心著迷，他就不會問你一些奇奇怪怪的事情。像是：

「你這個月賺多少錢？」

「為什麼今天這麼晚回來？」

他就不會找你碴。但是，只要你不會講話，所有的問題都來了，他就覺得跟你在一起很倒楣，很無聊。所以，幸福與不幸福的差別，在於你能不能讓對方著迷。

為什麼要很會講話？為什麼要打扮漂亮？為什麼所有的肢體語言都要很美麗？理由很簡單：因為這些是營造愛情的條件。上班不一定需要這些條件，不過若你能做到這些，相信在職場上也不致於被人嫌棄。

你跟每一個人聊天的前五分鐘，決定了你給對方的印象。如果你很可愛，跟人相處有很多話可以聊，只要你比別人出色，會想跟你交往的人一定很多。

當然，要比別人出色，一定是「練」出來的。如果沒有這個能力，一定會遭到天懲，一定找不到好對象。

現在你要找的人是另一半。你要讓另一個人知道你愛他，你必須講出來，時間只有一分鐘。你要如何在這一分鐘之內感動對方？這個練習非常重要。下面請把你想要講的話先寫下來，然後不斷練習。

一分鐘表白內容

另外一個練習方向是，你要怎樣讓你認識的人知道你愛他？不管是你的爸爸媽媽、你的朋友或是另一半，都要有辦法表達自己的情感。以下找出三個對象，把你要講的話寫下來，然後自己對鏡子不斷練習。

對象1：

對象2：

對象3：

剛開始練習時一定沒那麼順暢，會覺得尷尬或不自然。我必須提醒各位，一切的能力都是「練來」的，沒練過跟練過的一定不一樣，練一百次跟練一千次的表現一定也不一樣。希望你能為自己的幸福努力，專心練習，人生會因為努力而變得不同。

講話的確定性

接下來我會讓你了解，溝通在兩性關係裡有怎樣的影響。

今天你跟一個人約會，如果你講了他討厭的事情，你們的關係就很難接上線了，那頓晚餐吃起來也不會美味。如果你跟一個人聊得很開心，他一直覺得你很棒，你也覺得很溫暖，覺得他很性感；很快的，他會對你說：「我愛你」。非常簡單。

當你跟一個人說話時，一定要看著那個人的眼睛。他所說的每一句話，從對方的臉上都能察覺到舒服或不舒服，千萬不要錯過任何一句話。

不過，當你說話時沒在注意，不知道對方的表情反應，也沒察覺到自己臉上的表情，那就慘了。你必須要注意自己說話的時候，臉上的表情看起來怎樣。當你知道你們交談時，對方的臉與反應，這就是這段關係的重點，也是能不能相互了解的關鍵。

回想當你晚歸的時候，如果老婆是這樣回應的：「你幹嘛這樣做？」「你怎麼那麼晚回家？」

像個潑婦罵街。請問一下，這樣的表情看起來如何？如果你不去想、不去管，最後這段關係又會如何？你一定會把它搞砸了。這就是為什麼離婚率一直飆高的原因：你不記得你的表情了。

要是我現在看起來很漂亮、很端莊，可以肯定的是，你一定會喜歡我多一點。但是，如果現在我穿著睡衣出現在你面前，我的面目看起來很猙獰，又很生氣的對著你大罵：「你在搞什麼？」

很抱歉，你一定聽不懂我要說的每句話。你的心裡也非常不是滋味，馬上產生反感，戒心也會跑出來。

你要能明白，為什麼讓人家看起來覺得舒服是那麼的重要。這個部分就算只剩下百分之二沒做好，也會讓人受不了。我可沒有在跟你開玩笑。

所以，當你看起來的表情像是：「真的嗎？我不知道，我要想一想喔……」

「我不知道柏克萊是什麼？」

「冰箱是要幹什麼的啊？」

如果你這樣搞很久，可以想想，聽見的人有什麼感覺。最後，別人會想：「這個傢伙是白癡嗎？」他們跟你相處會非常不舒服。

換一個方向來看男人。如果男人總是說：「我不確定，我到底要做什麼？

我需要決定嗎？」

他老婆會想：「天殺的啊！我怎麼會嫁給這種男人！」

所以，男人千萬不要：「嗯……嗯……」

「我不確定……」

女人很討厭這樣的情況。男人說話要非常有信心，非常確定。你不用看起來機靈過人，但你可以很幽默，很可愛，讓人家喜歡你。如果你看起來像個呆瓜，怕東怕西，一天到晚說：「我媽媽不喜歡我這樣」，那女人就會想：「幫幫忙，我幹嘛要嫁給這種人？」

只要有一點點的不確定，比方說，你心裡有點害怕，那女人就要開始發飆了，變臉速度之快遠超乎你想像，接下來，她就要開罵了。她會很生氣地說：「給我滾回家吃飯！」

你心裡還嘀咕著：「我又不是狗，幹嗎要這樣兇我？」因為你看起來就一付畏畏縮縮的樣子，很討人厭，讓身邊的人都要抓狂了。

如果你的眼神不能直直的向前看，一會兒這樣，一會兒那樣，往左往右都不確定，女人一定會把你轟炸到半死，有事沒事就開始找你吵架，就算不吵架也會擺臭臉。

在每一次開始吵架之前，一定是某個人的表情有問題，這是很簡單、很明顯的指標，非常容易就可以看的到。當我們看到某一方很明確俐落，而且溝通說話很正面，那永遠不會吵起來。即使做了一件很糟的事，還是會很OK的。

假如你打破了一樣東西，你跟老婆說：「老婆，我打破它了。」然後，你太太會說：「沒關係。不要在意。」

但是，如果你的態度是這樣：「我……我不知道怎麼搞的，就變成這樣。我不是故意的，我不會……不會再犯了……對不起。」那麼，你老婆會想：「天啊！我老公是白癡嗎？」

不確定會讓別人抓狂，即使是小嬰兒，一樣都會感到不舒服。如果你要抱寶寶，你很清楚讓他知道你要對他做什麼，寶寶就不會哭。但是，如果你給的態度是這樣：「嗯……不好意思喔……可能你需要牛奶，還是你想要……我想想……」寶寶就會哭了，不信的話你可以試試看，百發百中。

你想想，你只是把寶寶抱起來，然後他們就哭了，你摸不著頭緒，心想：「為什麼？怎麼了？為什麼他們哭？」

很簡單，因為他們不舒服。你讓寶寶覺得很不高興，所以他會哭給你看。

很有確定性是一件非常重要的事。不管做什麼事情，永遠都要很確定。你不喜歡某個人的做法，就要很確定的告訴他說：「我不喜歡你這樣做。」只要你很確定的說出口，別人是不會生氣的，也會明白你的用意。

但是，如果你說：「我在想……看起來還好，但是你知道……」「可能還有，或者是有更好的方法……你可以試試不一樣的……可能還不錯。」

對方就會告訴你：「你到底在說什麼？」或是他會覺得：「我可能不喜歡他。」於是，他就會開始找碴：「你講什麼？你要去哪裡？你現在要做什麼？」

「你上個月的錢花到哪去了？」

「帳單付了嗎？你的信用卡呢？」

開始問一大堆古裡古怪的問題，逼你回答的事情會越來越奇怪，最後會變得很荒謬。我們都可以忍受別人很多的問題與缺點，但是每次當一個人開始出現猶豫不決的樣子，那我們的忍受力就會逐漸被消磨掉了。

這不是在談「你愛我」或「你不愛我」的問題。其實，許多離婚的夫妻，他們彼此是非常相愛的。這是不是很糟糕呢？

這些都來自我顧問經驗的真實故事。我很努力地想要告訴你們，我輔導過這麼多人，多數離婚的人都覺得後悔。他們和另一半不是不相愛，但是他們不知道怎麼解決問題。他們都是好人，卻這樣孤老一生，真的很令人感到悲傷。

精準的對焦

請你給自己的溝通能力打個分數。零到一百，你給自己幾分？

五十分的嫁給二十分的，命運會怎樣？就算你有房子，有車子，所有的條件都符合，結婚之後會快樂嗎？

再換個角度來看。如果物質條件不是那麼好，不是那麼有錢，長相不是那麼好看，但兩個人的溝通能力有九十五分，婚姻幸福是可以成立的。你至少要有八十五分的水準，才算及格。

但你要知道，二十分進步到四十分，兩倍的成長幅度看起來很多，實際上並不算困難。兩倍的成績看似不少，但四十分仍然是不及格的。

至於八十分要進步到九十分，就非常困難；九十分要進步到九十一分，僅僅只是多那麼一分，就有可能耗掉半條命。

全世界最值錢的能力，就是會講話。以職場來說，到底是會講話才會成為高級幹部，還是成為高級幹部之後，才變得會講話？兩個都有關係。但重點是，只要你的職位跟條件比較好，就一定得要會講話。

但一般人都缺乏這樣的能力，別說沒辦法當主管，連談戀愛都會出問題。你以為自己的溝通能力有八十分，但對方也這麼認為嗎？約會一次之後，別人找盡各種理由來拒絕你，表示你的溝通讓人反感。如果真的有本事，根本不必擔心這些事情。

戀愛成功的祕密到底是什麼？也是溝通。但是因為許多人在一開始的分數就不及格，連戀愛的機會都沒有，怎麼辦？

這就是《尋情歷險坊》存在的目的之一：先結婚，你就有辦法練習怎麼去跟另一個人溝通。不結婚，你永遠也練不到，機會太少，沒辦法有太多的進步。

溝通是兩個方向，一方面你要能夠表達，另一方面要確保你說的話要讓對方能夠聽得懂；同時你必須要讓對方有說話的機會，也要能夠聽懂對方在說的是什麼。說話要順，要好聽，要有內容，這非練不可。

很多人在講話的時候口若懸河、辯才無礙，並不代表溝通一定沒問題。要是你講的東西對方完全聽不進去，或是只接收到部分資訊，他聽不懂你要表達的是什麼，這種溝通還是失敗的。

至於傾聽，又是另一門藝術。但傾聽不是只有聽對方講話，重點是當你回應的時候一定要對焦，你要能夠理解對方在講什麼，並予以回應。如果傾聽完了卻不能回應，對方就會質疑你都沒在聽，這樣他就會生氣了。不是只有坐在那邊聽人家講話就會高興，不是眼睛盯著對方看就好。你必須能夠精準地對應到別人所說的話，這是一種藝術。

人們常會說：紅顏薄命。女孩子明明很漂亮，為什麼命運會那麼悲慘？理由很簡單，因為她常常在不對的時間做出不對焦的事，講不對焦的話。

人家跟她說：「我餓了。」她卻端出一盤水果，水果切的簡直像雕刻藝術品一樣，但對方只好勉為其難地吞下去，或是找理由躲起來。她一直搞不清楚自己這樣做到底錯在那裡，明明服務得這麼週到，對方到底還在挑剔什麼呢？因為方向完全搞錯了。她應該要想：現在對方要的是什麼？那才是重點。

聰明的人，不費功夫就能抓到重點。

男人說：「我餓了，我想去便利店買個肉包。」

女人說：「怎麼這麼沒水準哪，吃什麼肉包？吃水果吧。」

「吃水果又吃不飽……」

「吃水果才健康啊！我弄給你吃。」

你在那邊切水果切了半天，根本不是人家要的，還被人家嫌棄。這也是很多媽媽、太太抱怨的原因。

「我都幫你洗衣服，家裡弄得這麼整齊，老公怎麼都不體諒我的辛苦呢？」

「雞燉好了，趕快吃。」

「中藥幫你煮好了，怎麼不吃呢？」

老公要的，老婆不給你；偏偏她給的，你又不想要，所以有苦難言。但是，在這些女人心裡的想法就是：「你自己摸著良心看看，我明明對你很好啊。買最好的、最貴的，什麼都幫你弄到好，你怎麼不知感恩呢……」她就一直這樣碎碎唸。

孩子很怕被碎碎唸，丈夫也很怕碎碎唸；男人都特別怕碎碎唸。因為他懶得跟妳計較，可是女人就一直罵、一直講不停，別人光是聽就覺得累。

許多女孩子對這個觀念有點轉不過來，她一直想不清楚這樣做到底有什麼錯——不是這樣做有沒有錯，而是妳做的這件事並不是對方現在需要的。這就是女人跟男人常常會吵架的原因，因為想法不對焦。

要是你一天到晚都搞不清楚對方要的是什麼，就只好用最原始的方式去問：「你現在想要什麼？你現在需要什麼？」當你沒辦法判斷的時候，一定要用問的。

不過，「問」可是一門偉大的藝術。就好比你問對方說：「你現在想要吃什麼？」

對方回答：「隨便啦！都好。我只是很餓。」

他說隨便嘛！要是你只聽到表面的話，所以就給他一盤水果，這就不對焦了，因為水果不是他想要的。所以當水果端出來之後，你發現他的表情有點奇怪。然後，你就問他：「我剛剛不是問過你嗎？你自己說隨便的，你不想吃水果，怎麼剛剛又不講？」他就：「呃……呃……」因為他講不出來。

這個就是技巧。技巧並不是要你這麼直接地問：「你現在要吃什麼？」因為他自己也講不出來，要是你搞不清楚，就會給他不想要的水果。你的問話要讓對方很舒服，所以你必須要多問幾個問題，比方說：「你今天什麼時候吃過啊？」

「那你現在餓不餓嘛？」

最好還要會撒嬌，就會知道對方到底要的是什麼。如果妳給的不是對方要的，他很難受，妳也很不舒服。

他想的是：「我想要的這麼簡單，妳為什麼搞不懂？」

妳想的是：「我誓死達成任務要滿足你，你還想怎樣？」

最可怕的，就是這種無謂的聯想：「如果你愛我，為什麼一副不開心的樣子？」然後一口咬定對方有問題，像瘋子一樣栽贓別人。

如果妳是這種人，別人沒有辦法跟妳對焦，也沒辦法愛妳，大家的感覺都很突兀。妳滿足不了他，他很不高興，妳還一直唸，他聽了妳的碎碎唸之後，壓力越來越大。到最後，他便會說：「我講什麼你都聽不懂，下次我不回來了。」

這個問題在哪裡？出在女孩子沒辦法理解對方的意思，溝通不對焦，還一直在表現自己想要做的，這就是敗犬的行為——只想著自己做了什麼，卻沒有想過對方的感覺是什麼。就算是出自一番好意，對方不接受，妳卻心不甘、情不願地一直唸，對方當然會覺得你很煩。

反過來看，當對方不想接受，妳又對他碎碎唸的時候，他的感覺是什麼？

他會覺得妳是為了自己的付出要求回報，當得到的回報不能滿足的時候就一直抱怨，並不是真的好心。如果妳夠聰明，發現自己給的不是對方要的，就應該說：「哇！你人真好！」然後，先跟他低頭道歉：「真不好意思喔，我只找到這個代替，還不是很讓人滿意。」

這樣還沒結束。妳還得要繼續謝謝他：「謝謝你的包容。我很開心有你這樣好相處的另一半，即使我給的這個東西不是你要的，你都還能夠這麼開心。」如果妳能夠這樣表達，對方就會很高興，而且妳自己也有台階可以下。

這種「以退為進」的說話方式，就是人生裡最厲害的功力。不管你要去提案送審，要去報價，要跟客戶做生意，一切都在找對焦點——找出業主要什麼，找出客戶要什麼。

在商場上，焦點是產品，是價錢。在感情上，這個焦點是心情對不對，是心意有沒有到位。如果你一直在想的都是自己的問題，講出來的話就是這樣：

「為什麼別人不了解我？」

「為什麼我這樣做不行？」

「他們對我是有什麼意見？」

「如果你愛我，你應該不會管我穿得好不好看啊！」

「如果你愛我，你應該不會在意我胖才對啊！」

「如果你愛我，你應該要接受我的一切啊！」

這個思考方向是大錯特錯。你應該要想的是：「如果你很愛我的話，我該怎麼做，才會讓你覺得愛我是值得的？」

這個方向不一樣吧？轉一個角度想事情。若你只是站在自己的角度在看事情，就沒有辦法顧慮到對方的心情。要是在感情上參不透對方想要的是什麼，在工作上也一定會犯同樣的錯誤。

酒越陳越香，愛情越練越精彩。不斷練習是絕對必要的，這樣的人生來會美好，愛情才會甜蜜。

第11章

婚姻就是生活

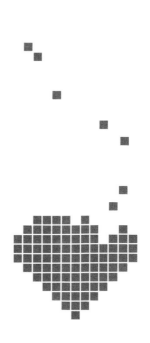

婚姻的真諦

從翻開這本書開始，你的人生已經改變了。不要再想當你結婚時，會從婚姻中得到什麼；不是每天都是耶誕節，問著對方：「你要給我什麼禮物？」「喔，這個我不喜歡，那個比較好一點……」

生活不是這樣的。如果每天都是耶誕節，你也會感到厭煩。但是，當人們結婚後，卻想像每天都是耶誕節。當你心中抱有條件去愛一個人時，已經失去了愛的本質。當你能夠不顧一切去愛的時候，才會感受愛的真正價值。

每一個人都希望別人可以無條件地愛自己。但是，很少有人會想要無條件的去愛別人。這真的是一個不容易的課題，也必須經過練習。該如何去練呢？當你結婚的時候，就得逼著自己練習。

就像你有了孩子，就可以練習真正的去愛。你沒有辦法選擇小孩的長相、性格，但你就是得要去愛、去付出，不論喜歡不喜歡，你都得做。為什麼對待你的另一半，不能像對待孩子一樣，無條件地去愛他們？

無條件地去愛——這就是婚姻，這就是練習，這就是婚姻的珍貴與神聖之處，也是我為什麼這麼熱愛婚姻的原因。因為婚姻，讓人變得高雅珍貴，讓人變得完整。

所以，在婚姻之中不是去想「得到什麼」，而是去想能「付出什麼」。你給你所能給的，去挑戰自己給予更多、再多。當穿越這個過程之後，會讓你長大、成熟，會感動你自己。當你要愛某一個人時，你必須要能先感動你自己。

婚姻是愛情最可靠的歸宿，也是愛情最美麗的舞台。然而，什麼年紀做什麼事，是不一樣的。如果兩個人都是十幾歲的時候，不睡覺去壓馬路、淋雨散步都很開心。等到你三十多歲了，幹這種事哪會開心啊？最好是坐在冷氣房蓋棉被比較舒服。

現在長大了，你要的是家庭生活，要面對柴米油鹽醬醋茶，若你對於愛情還停留在十幾歲的想法，其實是很不成熟的。你應該要想的是如何當媽媽，要怎麼去照顧先生，要想的是如何維持一個家庭。

我有位女性朋友，喜歡上一個離過婚、身邊有個孩子的男人。如果她想要嫁給對方，就等於是要馬上步入家庭的軌道。這種經營感情的方式就好比搭高鐵，一開始速度就會很快，畢竟對方結過婚又有小孩，婚姻一開始的架構就已經是這樣了，不可能慢慢談情說愛。若跟他結了婚，就得先專心生小孩，專心做他的老婆，跟他一樣的應酬，陪他教小孩，一樣可以達到幸福的彼端。

重點是，這位朋友的年紀已經將近四十歲了，不能跟十七歲的年輕女孩相提並論，用「坐快車」的速度經營感情，當然比較適合她的年紀。要是她還想要搭慢車，到了目的地時天都黑了，最佳時機也錯過了。

所以，有些時候很快進入狀況也不見得是壞事，尤其是年紀稍大的人，就得要用速度去換取時間。

你可以想想，現在要去一個很遠的地方，你是否願意搭慢車？除非有其他特殊的條件。比方說，因為身上錢不夠，買不起高鐵票，搭慢車比較便宜。或是你想多花點時間坐車，反正時間充裕，可以在車上多吃幾個便當、多看點風景，這也是一個坐慢車的理由。

以感情來說，如果你今天只有十七歲，手頭比較不寬裕，也不急著馬上要到目的地，反正時間還很多，是不是不會想著要「搭快車」？如果你比較實際，比較在乎經濟，很在乎未來發展，是不是會希望速度快一點？想要快一點就坐高鐵，搭高鐵當然就得多花點錢。

三十幾歲的人通常身邊會比較有錢，他不在乎多花點錢，先到達目標比較重要，考量點和二十歲的人不同。不曉得你有沒有買過高鐵票的經驗？最糟糕的是，你要買的那一班沒有票了，那種感覺就跟嫁不出去是一樣的。

我常需要搭機飛到國外，有些地點的機票是一位難求的，為了要趕上班機，就算擠在廁所旁邊都沒有關係。那種一位難求的心情，不管是考試、求職，或是結婚都一樣。

所以，姿態不要那麼高，結婚不像坐高鐵那麼簡單，沒差這十幾分鐘。你要把它當成是逃難的船，上船了就有活命機會，沒上船就只好等死了。要用這樣的心情去看待結婚這件事，才會積極地去找對象。

快四十歲的人，當然就得要坐高鐵，馬上結婚作為人妻，沒什麼不好。否則一直在情海中漂泊，到五十歲都還沒辦法定下來，最後想嫁都嫁不出去。現在如果嫁出去，至少有了家庭，有了歸宿，不管目前情況有多糟，只要能夠慢慢溝通、協調，一定會有你的一席之地。

你要曉得，屬於你的花樣年華遲早會過去，不要以為自己永遠都能這麼可愛青春。兩年前你的可愛之處，跟現在的可愛已經不一樣了。所以，你得要找一個願意相知相守的人，而不要浪費時間去愛戀別人。尤其是暗戀一個人，真的很花時間，那個事情不值得，千萬不要幹這種事。

要結婚其實很簡單，找到適合的對象就可以結了。重點是觀念上要先打通，要懂得什麼是婚姻生活——因為戀愛是結婚以後的事。你一直想要在婚前談戀愛？不必了。一直想滿足和另一個人獨處的甜蜜？那也不是真實的愛情。你只要跟一個人很舒服的在一起，就可以了。

婚姻，就是生活

結婚是來學習的。當你一結婚時，生活會變得很不舒服。回家時，會有人問你：「你去哪裡了？」

「你把錢花到哪去？」

如果因為這樣覺得難受，壓力大，是因為你不喜歡受到拘束的感覺。這就像在玩一場遊戲，也好比做生意，有人告訴你：「因為你的行銷做得不夠多，所以市場客戶不知道你的存在。」

「因為你的產品不夠好，所以賣不出去。」

你去工作，每天都遲到，結局會是什麼？是的，你會被開除滾蛋，回家吃自己。

那麼，在家裡呢？你不夠可愛，所以不會有人覺得你迷人。當老婆回家時沒有煮飯，甚至把家裡所有東西都燒焦，老公會說什麼？他會想把你休了。

婚姻跟商場是一樣的道理，只是形式不一樣，規則上大同小異。玩一個遊戲，就必須了解遊戲規則。當你在工作時，必須要有意願被領導、被教，遵守公司的制度。要是沒有工作執照，不好意思，你就無法上場工作。你沒有駕照，就不能開車上路，上路就會被警察開罰單。這是我們大家都必須共同遵守的規範。

那麼，在家裡會是怎樣的情況呢？

如果在公司遇到老闆，一定不會隨便對他大小聲。但是，如果你在家對另一半說話，就變成：「你他媽的以為自己是誰啊？」的態度。

這是一件很詭異的事情。

當我們要學習人際關係時，必須了解什麼是好的，什麼是不好的；什麼該做，什麼不能做。每個人都可以擁有一個好的人際關係，追逐自己的夢想，去發現自己是一個多麼棒的人。

在婚姻當中的學習過程，也是一樣的。

很多女孩子是出來約會應酬的時候，會打扮得特別漂亮，在家裡就很邋遢。我跟別人比較不一樣，我是跟先生在一起的時候一定會特別打扮，跟他出去的時候也都會刻意打扮成他喜歡的樣子，讓他知道我很重視丈夫，很重視這場約會。在家裡的時候，一定都要保持很可愛，充滿精神與活力。

我先生說：「從來沒有看過哪一個女人像我老婆這樣，醒來以後這麼漂亮！」那是他的一種形容方式，就是老婆給他的感覺非常乾淨，非常的漂亮。我的表現讓他很高興，這對我就會轉變成一種福氣。

我做了這麼多的媒，碰過各種形形色色的夫妻，不管是離過婚的、年紀大的或是正在經歷磨合期的，你問他們說：婚姻是什麼？

「婚姻就是生活！」

沒錯。既然重點是生活，那你何必花那麼多時間挑對象呢？挑一個你很喜歡的，然後開始生活，最後會變怎樣？這個答案可能會完全顛覆你的觀念。

我舉一些例子，讓你知道這是怎麼一回事。

Brenda的先生，因為被她甜美的外型迷惑，很快就跟她結婚了。但結了婚之後，這種魅力就一直減低，畢竟漂亮不能當飯吃。Brenda的脾氣不好，也不想參與老公的世界，沒幾年老公就外遇了。

你應該常會看到，有些男人的家裡有一個很美麗的老婆，就像Brenda這樣美麗的女人，偏偏她老公外遇的女人長得並不漂亮。

你問Brenda的老公：「為什麼要跟一個沒你老婆漂亮的女人在一起？」

「喔，她對我很好，我也為她著迷。」

「那當初你決定跟Brenda在一起，是發生了什麼事？」

「當初就是看她漂亮，是個美女嘛，誰知道她個性這麼糟呢？」

很明顯，他是「外貌協會」的會員，只有吃了悶虧才會領悟自己當初有多麼愚蠢。

有些時候，我們看到一個帥哥的老婆長得不怎麼樣，心裡會想：「唉唷，他怎麼會娶這樣醜的老婆呢？」你心裡想的標準是「郎才女貌」，但真正懂得經營感情的人，標準跟你想的不一樣。

這就像找工作之前，你心裡有個標準，找到工作之後，你又有另外一個標準；當這兩個標準沒辦法結合的時候，你就受不了了。

舉例來說，你剛進一間公司的時候說：「我只需要兩萬五就好。」後來老闆看你表現不錯，給你加薪到三萬，你卻覺得自己不只這個價碼，就到處嚷著要跳槽。那當初為什麼說兩萬五就好？公司已經給你三萬了，你為什麼要離職？這就跟婚後想離婚是一樣的心情。

「那老婆有沒有漂亮？」

「不漂亮。」

「她不是你的 style ？」

「她再漂亮又怎樣？我受不了。」

不理解箇中道理的人，在婚前擇偶時就會犯這個錯。

你的擇偶觀念，必須要把要找的條件，跟後面生活要的目標結合。如果你不能結合，就只能停留在幻想的階段。你不懂什麼是婚姻生活，所以才會一直在挑。

當我跟你說：「嫁這個人吧。」

「這個不好。」

「那就換這位，如何？」

「這個也不好。」

那麼，你所謂的「好」是好在哪裡？「不好」的標準又在哪裡？

你在想的只是這個人不夠漂亮，我喜歡怎樣怎樣的……，就像Brenda的老公，他不是如願以償，娶到漂亮的女人當老婆嗎？為什麼婚後就後悔了？為什麼想要離婚？

如果你的老婆很漂亮，用處就是幫你廣結善緣、增加人脈，帶出去很有面子，譬如政商名流的老婆。但是，回家之後可能門關起來各做各的；平常老公要說話、要做事，甚至去旅行都找別的女人，因為老婆沒辦法和自己的生活結合。所以，除了元配之外還要有小三，甚至小四、小五都出現了。

這就像是一個老婆是生小孩的，一個是帶出去外面給別人欣賞的，一個是特別能夠跟你親密地在一起談心的，另外一個則是專門上床享受魚水之歡的。他跟元配生小孩並不等於喜歡跟他上床，因為就法律上來說，他跟真正喜歡的外遇對象是不能夠生小孩的；他不喜歡跟自己的老婆在一起，卻必須跟老婆生孩子，因為他必須要有後代，也必須對家族有所交代。

這樣的人生，要嘛就是到處搞出人命，要不然就是有人會自殺。若你想要這樣搞，也得掂掂自己的斤兩，有沒有這樣的條件——你可能得要富可敵國，才有辦法搞定這麼多的老婆，把每一個老婆的職務區分地那樣細緻。

你不進步，害死別人

你不進步，誰倒楣？

第一個倒楣的，就是你的另一半。女人要的是男人很有趣，很幽默；男人要的就是女人很可愛、會撒嬌，愛情就這樣簡單而已。

你不能在結了婚之後，不讓另一半感到舒服，這是天底下最殘忍的事情。你最好在神不知、鬼不覺的情況下，把自己的問題改掉。我們結婚的目的是為了能夠進步成長，藉著這個機會讓自己懂得如何去愛。

請你想像一下，現在你跟老婆正在吵架。前面站著五個小孩呆呆地看著你們，孩子們在哭，在難過，在傷心，覺得人生沒希望。你該當何罪？這對父母的人格，是不是一個很大的考驗？

為什麼小孩子有時候會哭鬧？因為他在抗議，抗議父母親的感情不夠好。你可以想一想，自己是不是也有向父母親抗議的時候？這種不滿的抗議，甚至延續到自己的另一半身上，你對待老婆的方式，是你爸爸對待媽媽的那一套，是不是很不正常？

再請你仔細想一下你爸爸或是你媽媽個性上的缺點，隨便舉出三個就好，最好是你最痛恨、最不喜歡的缺點。

1.

2.

3.

我必須很沉痛地告訴你一個事實：這三個缺點你都會有，而且是變本加厲，有過之而無不及！所以，為什麼需要進步成長？就是為了拿掉這些問題。要不然，這樣的承傳有什麼意義呢？

為了讓人生更美好，我開了許多相關的專業課程，讓大家有機會能夠進步成長。為了拔掉這些個性上的問題，我必須跟你「廝殺」至少二到十年——如果你只願意給兩年的時間，老實說，要改過來並不容易；就算給十年，也不見得有百分之百的把握。

這兩年到十年期間的進步成長，只是為了拿掉你不想要的缺點——不是別人討厭的缺點，而是你自己選擇過、你不想要的缺點。光是這樣，就要花掉二到十年的時間，而且成功率還不是太高！

只有進步成長，解決掉自己的問題，才會真正快樂。快樂是一種能力，不管是從物質到精神層面都要能夠很開心，這是一種生活的實力。就好比說，現在你遇到一個外國人，必須跟他講英文溝通。這種事情是一翻兩瞪眼的，會講就會講，聽不懂的一點辦法都沒有，沒有什麼訣竅的。

如果兩個人可以一起進步成長，創造出來的火花是難以想像的美好。

年輕的時候，對愛情總是充滿憧憬。「如果我的戀愛是這樣，那該多好！」不管有多麼美好，都僅止於想像的階段。進步之後，那些美好的程度會超過原來預期的一百倍以上，是當初根本沒辦法想像的！

也就是說，若是不進步，所能想像的層次其實很低，能發揮的空間只有這麼少。進步之後，你的能量不同，速度不同，視野、胸襟不一樣，能欣賞的境界也提高了許多，那是還沒進步成長的你沒辦法體會的境界。

在還沒進步之前，所能想像的水準並不高，所以不要去想那些東西，對事情沒有什麼幫助。你要做的，是趕快跳上那班車，然後轉對車、走對地方、跟對人，其他的事真的不太重要。或許，你在某些特殊的領域表現很傑出，但最後孤家寡人一個，還是抱憾終身。

以愛情來說，談情說愛沒有什麼道理，不需要很有目標，只要甜甜蜜蜜就好。但是，孕育愛情的溫床是生活的能力。當生活能力不健全的時候就會影響快樂，愛情就會結束，就會完蛋。

在人生裡，愛情只佔百分之二，其他百分之九十八都要搞別的事情。像那種每天瘋狂在想女人的，他的人生也差不多完蛋了，因為他把那百分之二變成人生的全部，剩下的百分之九十八全都不在乎；一生全部都在追求愛情，最多也不過才兩分而已。

人生並不是全部都被愛情佔去，只是多了那兩分，會讓你的人生變成一百分，會讓你的人生增添色彩，所以不能沒有那兩分。以比例來說，那兩分真的很不重要。但是，它的重要性並不是比例有多大，而是不能沒有它，沒有它，你會覺得很枯燥乏味，人生就很悲慘，你會不快樂，會讓那九十八分變成黑白的。

那就是品質的問題。愛情好，人生是彩色的，愛情不好，人生是黑白的。

一加一，大於二

結婚的時候，只要你能靠自己獨立活著，你可以工作，可以想辦法克服問題，那就可以結婚。這沒有那麼複雜，看看我們爺爺奶奶那一代，再看看我們爸媽，他們結婚時很有錢嗎？他們又怎麼養大我們的？他們完蛋了嗎？並沒有。會擔心沒錢，是因為你害怕，不夠勇敢去突破這些關卡。

媽媽是這樣教你的：有錢了，就可以過得比較好。但是，當你回顧人類的歷史，就算發生世界大戰的時候，大家就不生孩子了嗎？大家都死了嗎？沒有，都沒有。有錢，問題並沒有比較少；沒錢，也不見得少了感動與溫暖。

這問題的答案很簡單，就是不願意吃苦。

當你願意為你的孩子負起責任的時候，就會穿越重重難關。你可以看到很多單親媽媽，一個媽媽養四個小孩，但是沒有一個小孩餓死，這是非常普遍的故事。你就是怕不舒服，因為你女朋友一直叫，你很怕你會窮。但是，你得了解女人是很強壯的。我希望女人可以好好教育小孩，為了小孩而努力，並且幫助老公。

為什麼我會一直告訴你：不要在婚姻中一直冀望要得到什麼，而是要去看你能給予什麼？除了你必須付出之外，你要去找的另一半也是一個能夠給予的人，願意一起努力打拼，願意學習的人；這才會是好夥伴。

舉個例子來說，你在找生意上的合作夥伴。然後你問他：「你可以為我賺多少錢？我什麼都不用做。」你想，這樣對方會成為搭檔嗎？誰希望跟一個每天只會坐在椅子上，什麼事也不幹，卻一直要跟你拿錢的人簽約合作？如果用這樣的想法去結婚，也是不可能會成功的。

如果我想成為你的事業夥伴，我會說：「我要很拼命努力。你也願意嗎？你希望跟我一起拼命做事嗎？」如果可以，那我們就可以合作。

婚姻也一模一樣。你希望跟一個人結婚，兩人一起攜手打拼，希望彼此支持對方。這不是很美嗎？

如果你跟另一個人說：「你努力去工作，然後買衣服跟鑽石給我，還要有棟豪宅，而且你要開名車，這樣我就會嫁給你。」但是，你心中的盤算是自己什麼都不必做，你究竟是嫁給錢，還是嫁給一個人？你結婚是為了讓你的人生更美好，還是只是為了經濟有保障？

我們應該要一起去經歷難關，一起革命。有一個說法，就是在海上航行的水手，如果一起經歷過大風浪，這些水手們會成為一輩子的好朋友，因為我救了你的性命，你也曾經幫了我。這是非常棒的境界。

所以，要是一個女人什麼都不想做，只想要舒服，然後一直罵你：「為什麼沒給我鑽石？」或是：「你買的那顆鑽石太小！」難怪你會一直擔心沒錢，一直有錯誤觀念，也一直找不到幸福。

最重要的，是你跟一個願意跟你共度一生的人結婚。我們都想要這樣的伴侶，不論是男是女。

我跟我老公在結婚時，是一無所有的。甚至他在跟我初次約會時，連一雙好的鞋子都沒有，鞋底是破的。但這並不是重點，重點是我喜歡他，他也喜歡我。

當他跟我說：「嫁給我吧。」我心裡想：你膽子好大。我回他：「我都不知道你姓什麼了，怎麼嫁？」

他告訴我：「親愛的，你不需要知道我姓什麼，你還是可以嫁給我。」

我們就結婚了。一直到現在，超過二十年了。他敢問，我就敢嫁。雖然當時我們很窮，家徒四壁；但是現在看看我們兩個，我們好的很。

我媽嫁給我爸，絕對不是因為有房子。你爸媽也可能不是這樣。但為什麼到了我們這一代就要變了？這就是我要挑戰你們的地方——因為你很擔心女朋友要求你得有錢，沒房沒車就娶不到老婆。

如果女孩子看上的是你的錢財，一來她沒有謀生能力，二來她並不是真的愛你。她只是過不了自己沒有安全感的關卡，她要的是保障而不是愛情，她並沒有要拿出真心跟你一起經營婚姻。

如果可以做事，甚至做得很好，根本不會介意你有沒有錢。不論是誰，只要能工作，可以賺錢，可以做事，有信心可以活下來，就不需要依賴任何人。沒錢的時候結婚是最好的，你得到的是她的心；否則你很難知道她嫁給你是因為看上你的人，還是因為你的財。

「我身無分文，但我想結婚。妳願意嫁給我嗎？」

「我願意！」

這樣一來就可以同甘共苦，白手起家。

口袋空空，也有人會願意嫁嗎？會。這就是愛情。她嫁給你並不是要你去養她，而是因為她愛你，但她經濟上是獨立的。

如果你追求的是夢想、講的是未來，就會找到一個欣賞你的夢想、才華，要有未來的對象。但是，如果你是以房子、車子做為條件的人，你就會找到一個依賴長期飯票型的對象。

我所作媒的五十對夫妻，很少男孩子是有錢的。有些新郎甚至什麼都沒有，連個像樣的職業也沒有，你問女孩子要不要嫁？要。不過，這些男生也不是吃軟飯、靠人養的，他只是年輕，還沒有事業。但你怎麼知道他四、五十歲不會成功？要看這個人的才華、能力、目標與志向，而不是一直去找條件好的。

我希望男人可以做事，女人也可以做事，一起努力，讓一加一的效果大於二。我常常說，一加一是無限。因為一個男人跟一個女人結婚，就會有一個家庭，有收入，有未來，有下一代，讓人生更美滿幸福。我希望你能有勇氣迎接未來，未來很值得去創造。

你要勇敢跳下去，願意吃苦。你終將會發現死不了，也會改變自己的想法，重新設定你的觀念——我希望看到大家都結了婚，而且關係很好，生活美滿，幸福又自由。

國家圖書館出版品預行編目(CIP)資料

尋情歷險坊 / 陳海倫作. – 初版. — 臺北市 ：
創意, 2013. 09（創意系列；22）
ISBN 978-986-89796-1-1(平裝)
1.婚姻 2.兩性關係

544.3 102017106

創意系列｜22

尋情歷險坊

作者｜陳海倫
責任編輯｜劉孝麒
美術編輯｜王尹玲

出版｜創意出版社
發行人｜謝明勳
郵政信箱｜台北郵局第118-332號信箱
P.O. BOX 118-332 Taipei
Taipei City 10599 Taiwan(R.O.C)

電話｜(02)8712-2800
傳真｜(02)8712-2808
E-mail｜creativecreation@yahoo.com.tw
部落格｜first-creativecreation.blogspot.com
印刷｜世和印製企業有限公司

定價｜380元
2013年9月初版

尋情歷險坊

讀者回函卡

對我們的建議：

郵票請帖於此，
謝謝！

台北郵局第118-332號信箱
P.O. BOX 118-332 Taipei
Taipei City 10599 Taiwan(R.O.C)

創意出版社　收

封 口

尋情歷險坊

讀者回函卡

謝謝您購買我們出版的書籍，請您抽空填寫這張讀者回函，並延虛線剪下、對摺黏好之後寄回，我們很重視您的寶貴意見，謝謝！

@基本資料

◎姓名：________________________________

◎性別：□男　□女

◎生日：西元 ____________ 年 __________ 月 __________日

◎地址：________________________________

◎電話：______________ E-mail：____________________

◎學歷：□小學　□國中　□高中　□大專　□研究所（含以上）

◎職業：

□學生　□軍公教　□服務業　□金融業　□製造業

□資訊業　□傳播業　□農漁牧　□自由業　□家管

□其他________________________

◎您從何種方式得知本書？

□書店　□網路　□報紙　□雜誌　□廣播　□電視　□親友推薦

□其他

◎您喜歡閱讀哪些類別的書籍？

□商業財經　□自然科學　□歷史　□法律　□文學　□休閒旅遊

□小說　□人物傳記　□生活勵志　□其他

◎您對本書的意見：

內容：□滿意　□尚可　□應改進

編排：□滿意　□尚可　□應改進

文字：□滿意　□尚可　□應改進

封面：□滿意　□尚可　□應改進

印刷：□滿意　□尚可　□應改進

first-creativecreation.blogspot.com

創意有心，讀者開心

陳顧問的facebook
www.facebook.com/consultanthellenchen